Colloquial German

The Colloquial 2 Series
Series adviser: Gary King

The following languages are available in the Colloquial 2 series:

Chinese
Dutch
French
German
Italian
Portuguese of Brazil
Russian
Spanish
Spanish of Latin America

Accompanying CDs are available for the above titles. They can be ordered through your bookseller, or send payment with order to Taylor & Francis Ltd/ Routledge Ltd, Bookpoint, Unit T1, 200 Milton Park, Abingdon, Oxon OX14 4TA, UK or to Routledge Inc, 270 Madison Avenue, New York, NY 10016, USA.

Colloquial German

The next step in language learning

**Annette Duensing and
Carolyn Batstone**

Routledge
Taylor & Francis Group

LONDON AND NEW YORK

First published 2010
by Routledge
2 Park Square, Milton Park, Abingdon, Oxon OX14 4RN

Simultaneously published in the USA and Canada
by Routledge
270 Madison Ave, New York, NY 10016

Routledge is an imprint of the Taylor & Francis Group, an informa business

© 2010 Annette Duensing and Carolyn Batstone

Typeset in 10/12pt Sabon
by Graphicraft Limited, Hong Kong
Printed and bound in Great Britain
by TJ International Ltd, Padstow, Cornwall

British Library Cataloguing in Publication Data
A catalogue record for this book is available from the British Library

Library of Congress Cataloging in Publication Data
Duensing, Annette.
Colloquial German 2: the next step in language learning / Annette Duensing and Carolyn Batstone.
    p. cm. – (The colloquial series)
  1. German language – Grammar.   2. German language – Textbooks
for foreign speakers – English.   3. German language – Spoken German.
I. Batstone, Carolyn.   II. Title.
PF3112.D74   2009
438.2'421–dc22

2009008208

ISBN13: 978-0-415-31674-3 (pbk)
ISBN13: 978-0-415-30258-6 (audio CDs)
ISBN13: 978-0-415-31672-9 (pack)
ISBN13: 978-0-415-55081-9 (MP3)

Contents

Acknowledgements

The publishers would like to thank the following for permission to reproduce material in this book:

Unit 5

Text 2 *Fasnet in Ravensburg bietet Narren Straßenfeste und Bälle*, © Christa Kohler-Jungwirth, Stadt Ravensburg

Unit 6

Text 2 *Die Weihnachtszeit*, Der Weg, Andoverstr. 77, 47574 Goch, Deutschland, www.derweg.org

Unit 7

Text 1 *Vor dem TV-Kastl ist der Österreicher liebster Platz*, copyright from market Institut, MarktforschungsgesmbH & CoKG, Linz, Austria

Text 2 *Sport and Spiel*, dpa Picture-Alliance GmbH, Frankfurt, Germany for the information used in this text

Unit 8

Text 1 *Willkommen bei Ihrer AOK*, AOK Westfalen-Lippe, Vertreten durch den Vorstand Herrn Martin Litsch, Nortkirchenstraße 103–105, 44263 Dortmund, Verantwortlich gemäß § 55 Abs. 2 RStV, Herrn Stefan Schneider

Text 1 *Krankenversicherung*, Christina Haag, www.hallo-Schweiz.ch

Unit 9

Text 1 *Österreicher lieben Handys: Wichtiger als Auto*, ORF.at Network.

Unit 10

Text 1 *Warum und wie sind Menschen unterwegs?*, *Verkehr in Deutschland*, pp. 28–9, Statistisches Bundesamt, Wiesbaden 2006, www.destatis.de

Unit 12

Text 1 *Heinrich-Heine-Institut, Landeshauptstadt Düsseldorf*, Heinrich-Heine-Institut

Every effort has been made to contact copyright holders. If any have been inadvertently overlooked the publishers will be pleased to make the necessary arrangements at the first opportunity.

How to use this book

You have chosen to continue your study of German using this course. It will help you to work on all four language skills: speaking, listening, reading and writing. You will come across a wide range of material from newspaper articles, invitations, the internet, poetry and advertisements.

Whilst you are improving your German you will also be learning about contemporary life in Germany, Austria and Switzerland, both through reading and listening to the German texts in this book and on the CD, but also through the cultural information **Wissen Sie das schon?** You will also find useful advice as you learn the language, in **Lerntipps.**

This book is designed as an intermediate German self-study course, but it is equally usable as part of an adult education, college or university German programme. The course assumes that you have some knowledge of German already. You will build on what you already know, but when you come across something that you are not confident of, please take the time to go back over things. The course is designed so that you move easily between the activities and the Grammar Summary.

Working with the activities

Many of the exercises in the course are based on the reading or listening texts. You are often encouraged to focus first on understanding the gist of what you are reading or hearing. This helps to prepare you for what you would experience in a German-speaking country, where you wouldn't have the chance to listen closely for every word someone is saying to you, but instead you would want to know what they are talking to you about. So, try not to reach immediately for the dictionary, however tempting that might be. It's important that you learn to try to make sense of what you see and read even when you don't understand it all. Some of the more difficult or unusual vocabulary will in any case be below the reading texts to help you. Many exercises gradually increase the focus on more detailed understanding. You will find that exercises focusing on the content of reading and listening texts are designed to help you understand the texts without looking up every word.

Using the Key to Exercises

There are answers to the activities in the Key to Exercises at the back of the book. Even when you may have given a short answer, the answers in the key will normally give you full sentences. Check that you have the content of the answer correct, but reading the fuller answers offers you further models of good German. Your answers to the longer, open-ended questions will inevitably differ from those answers suggested in the key. Do not be put off by the fact that there is no simple right/wrong answer to these. The process of attempting to write longer answers and of trying to shape your own ideas in German is a valuable process; writing helps you to process what you have learnt, reapply it in a different context and hence consolidate your learning. The suggested answers will often include language which has just been taught. You can use these answers in a variety of ways:

- as additional reading practice
- to see if there are any phrases or expressions you might find useful and want to learn
- to check whether you've used similar word order
- to see if you understand the language structures and vocabulary you have just learnt in a new context. You can, for example, take a look at the cases and see why they're used – with certain prepositions, to show the subject or object of a sentence, etc. Often these structures have been used in the sample answer, so you can find them easily.
- to take extracts from the model to amend your own answer, e.g. use a certain structure and amend it with the personal information you have written down.

Vocabulary

Whilst you study this course you will come across a lot of new language. It isn't realistic to expect yourself to understand and learn every new word you see or hear. You'd soon be overwhelmed with new language and become frustrated that you can't remember it all. Many words are only needed for a particular text, and it wouldn't be worth you learning them. For example, you may well come across the word **die Müllverbrennungsanlage**, 'waste incinerator', in a text on recycling and waste management, but unless you are interested in green issues or work in the field you are unlikely to have to use it actively in a conversation yourself.

Instead of trying to learn everything, when you come across a new word or phrase, ask yourself 'Is this something I want to learn, is this something I might be likely to write or say at some stage?' If this is indeed the case, then make a note of it and learn it. If you think you're unlikely for example to talk in German about New Year's Eve celebrations in Germany, then don't bother learning this vocabulary. You can still enjoy finding out how festivals are celebrated there, and the grammar and language structures you practise in this section will be transferable to other situations.

It is worth keeping vocab lists and regularly taking the time to go back over the vocabulary you want to learn. Just seeing a word once and writing it down probably won't be enough to learn to use it yourself. There are different ways of doing this. Some people may choose to keep alphabetical lists, so they can find the words or phrases when they want them. Other people may choose to group vocabulary in word lists, linking all vocabulary to do with the topic of work together. Some people love card index cards where you have a German word or phrase on one side with the English on the other. Have a go at all of these different approaches and decide which you find most useful. It helps to fix them in your mind if you make a conscious effort to include some of these words systematically in your answers to the exercises.

Dictionary

It will be useful for you to have a relatively up-to-date dictionary. Some vocabulary is provided below the texts, but this tends to be there to help you read the text. It isn't likely to be sufficient for answers you write and say. Use the dictionary sparingly; it takes time to look up words. It is more important that you try to focus on understanding the gist of what you read and hear.

In the 1990s there was a German spelling reform. If you learnt German before this time, you may notice as you work through the

course, that a few things are written differently from how you remember. There aren't many words that are affected, but **ich muss** is
no longer written **ich muß** and it's now normal to write **dass** instead
of **daß**; **spazieren gehen** is now written in two words instead of one.
Make sure your dictionary is sufficiently up to date so you can check
on spelling if you are unsure.

Notebook

It is a good idea to keep all of your written work together. You could
have a loose-leaf folder into which you insert pages of your work. In
the folder you could have different sections, one for answers to the
exercises, one for grammar notes and one for vocabulary. Alternatively you could have a notebook with your answers in the front and
your notes in the back. If you prefer working on a computer, you
could have a folder for the course, with separate files in it. Whichever
you prefer, the main thing is that your notes are easily accessible for
you to look over whenever you want to review your work.

Lerntipps, Wissen Sie das schon?
and Zur Sprache

The course contains several features you will find useful. **Lerntipps**
give you advice on how to study a language. **Wissen Sie das schon?**
provides you with background and cultural information and **Zur
Sprache** explains grammar and language points to you. Whenever
you are taught language points, you then find exercises to help you
practise and reinforce what you have just learnt. You will probably
also want to refer regularly to the Grammar Summary at the back of
the book. If you have additional language books, such as *Colloquial
German*, verb tables or grammar books, please do use these whenever you find them useful as you study this course.

Course website

There is a course website to accompany *Colloquial German 2*. You can
find it at www.routledgelanguages.com/sites/german. This contains a

range of activities which you can use to extend your learning. Some of the activities practise vocabulary and grammar. Other activities link you to other websites where you can access information. These could include, for example, finding train connections using the Deutsche Bahn website.

Keeping going

It can be easy to start a new course, but harder to keep going until the end. If you do find your motivation dipping, or find that you can't see yourself progressing as fast as you'd like to, be reassured that these feelings are common to many, many learners. One thing you can do is to look back at some of the work you have already done. You will probably find if you take another look at the reading texts, or listen again to tracks you've already heard, that you understand them far more easily now than you did the first time you worked with them. This will show you that you are learning steadily as you progress and hopefully this will help to motivate you to keep on learning.

And now: **Viel Spaß mit** *Colloquial German 2*

Carolyn Batstone and Annette Duensing
January 2009

1   Eine neue Wohnung

In this unit you can learn about:

▶ accommodation in Germany
▶ the present tense
▶ the nominative, accusative and dative
▶ when to use **du** and **Sie**
▶ pronunciation: intonation patterns of simple sentences and **ei**, **ie** sounds
▶ learning vocabulary
▶ considering which elements of language you need to revise

Exercise 1

What German words do you already know related to housing and accommodation? Make a list of words you know already.

Lerntipp ◆

A useful way of learning words is to learn subject-related vocabulary. Try this whilst you work through this unit. Make a list of words and phrases related to homes and accommodation that you think you would find worth learning, i.e. words that you think you may need to express what you want to talk about. Add to this list as you go along and refer back to it when you want to find how to say or write about where you live.

It can be a good idea to learn phrases, e.g. you might find it easier to remember how to use the verb **umziehen** in the context of the phrase **ich ziehe um.**

Text 1

Martina, Sven, Matthias, Jasmin und Kilian ziehen um!

Ab dem 5. August ist unsere neue Adresse

Ferdinand-Lehmann-Str. 17

45657 Recklinghausen

Tel: 02361/1486770

Handy: 0179/8648305

Die E-Mailadresse bleibt gleich <u>Fam.Feldmann@weblink.de</u>

Wir freuen uns auf euren Besuch!

Mehrfamilienhaus in Recklinghausen

Exercise 2

Read Text 1, the card the Feldmann family are sending to their friends and family, and answer the questions.

1 Wann zieht die Familie Feldmann um?
2 Haben sie eine neue E-Mailadresse?
3 Worauf freuen sie sich?

Lerntipp ♦

How confident are you that you can understand certain elements of German language?

	I understand when I see or hear it.	I can use it in writing and speaking.	I'm not confident and would like to go over it again.
the present tense			
weak verbs in the present tense			
strong verbs in the present tense			
separable verbs in the present tense			
reflexive verbs in the present tense			
working out the infinitive when I see a verb, so I know how to find it in the dictionary			
the nominative case with the subject of the sentence			
the accusative case with the object of the sentence			
the dative case with the indirect object of the sentence			

- If you ticked that you can use all of these elements then you will probably be able to work through this first unit very quickly.
- If you ticked that you can understand most of these elements, then this may mean that you've learned about them in the past. Unit 1 is likely to be revision for you and hopefully these things will come back quite easily.
- If you've ticked that you'd like to go over things again, then you have plenty of opportunity to do so on this course, e.g. you can use Exercises 3 and 4 to see how confident you are working with verbs in the present tense. If you find this difficult, then you might find it useful to refer to the Grammar Summary at the back of the book. This provides you with a summary of many important grammar points. The same is true for other elements in the above table. Please take the time to read up on elements you aren't confident of, and also please refer to the Grammar Summary regularly as you work through the course.

Exercise 3

Underline all the verbs you find in Text 1. Write down their infinitive and what kind of verbs they are – weak, strong, reflexive, separable.

Exercise 4

Complete the sentences using the verbs in brackets.

1 _____ du ____ auf dein neues Zuhause? (sich freuen)
2 Wir _____ noch zwei Wochen in Magdeburg. (bleiben)
3 Frau Feldmann _____ am 5. August ____. (umziehen)
4 Die neue Wohnung _____ sehr schön _____. (aussehen)
5 Kilian _____ _____ von seinen alten Freunden. (sich verabschieden)
6 Die Familie Feldmann _____, dass sie _____ schnell in der neuen Stadt _____. (hoffen, sich einleben)
7 Sven _____ schon am 3. August nach Recklinghausen, der Rest der Familie _____ zwei Tage später. (fahren, kommen)
8 Freunde und Familie _____ herzlich eingeladen. (sein)

Text 2 🔊 (CD1; 2)

Hallo Petra, hallo Gerd,
wir ziehen um. Am 5. August ist es soweit. Die neue Wohnung sieht sehr schön aus. Es ist eine Vier-Zimmerwohnung, es gibt also ein Schlafzimmer, zwei Kinderzimmer und ein Wohnzimmer, eine Küche, ein Bad, einen großen Balkon und einen Stellplatz für das Auto. Es gibt noch viel zu tun. Wir müssen noch packen und einen großen Wagen mieten, denn eine Umzugsfirma ist zu teuer. Wir müssen uns hier im Magdeburg abmelden und dann in Recklinghausen wieder anmelden. Wir freuen uns sehr auf die neue Wohnung.
Tschüss

Exercise 5

Read the message Martina Feldmann sent to her friends (Text 2) giving more information about the move. Find the German for the following English expressions and decide which of them you will add to your vocabulary list.

bedroom
child's bedroom
living room
kitchen
bathroom
balcony
parking space

Zur Sprache ♦

Looking at cases

In English the subject is normally the first element in a sentence, but in German it often isn't. In German you can tell what the subject is in two ways: firstly, the verb always agrees with the subject, and secondly the subject is always in the nominative case.

Die Wohnung ist schön.	The apartment is lovely.

Die Wohnung is the subject of the sentence and is in the nominative case.
If nouns in a sentence are not the subject, they are objects and usually are in the accusative. This affects the article that precedes them.

Die Wohnung hat einen Keller.	The apartment has a cellar.

The object in the sentence is **einen Keller** and this is in the accusative case.
Here are sentences containing the accusative with the indefinite article (a/an).

Ich habe *einen* Stellplatz. (masculine)	I have a parking space.
Ich habe *eine* 3-Zimmerwohnung. (feminine)	I have a two-bedroomed flat.
Ich habe *ein* Einfamilienhaus. (neuter)	I have a detached house.

Here are sentences containing the accusative with the definite article (the).

Er mietet *den* Stellplatz. (masculine)	He rents/is renting the parking space.
Er mietet *die* 3-Zimmerwohnung. (feminine)	He rents/is renting the two-bedroomed flat.
Er mietet *das* Einfamilienhaus. (neuter)	He rents/is renting the detached house.

Some verbs take different cases. The verb **sein** takes the nominative, as in this example.

Das ist *ein kleiner* Koffer.	That is a small suitcase.

The verb **helfen** takes the dative.

Ich helfe *dem* Möbelpacker.	I help the removal man.

The dative case is also used with the indefinite object of a sentence.

Der Möbelpacker gibt *einem* Kollegen die schwere Kiste. (masculine)
The removal man gives a colleague the heavy box.

Der Möbelpacker gibt *der neuen* Mieterin die Rechnung. (feminine)
The removal man gives the new tenant the invoice.

Der Möbelpacker gibt *dem* Klavier einen Schub. (neuter)
The removal man gives the piano a push.

Some prepositions always take the accusative (acc.) and some always take the dative (dat.). You can find lists of these prepositions in the Grammar Summary.

Sie kaufen ein Sofa für (+ acc.) die neue Wohnung.

Die Möbel werden mit (+ dat.) einem großen Mitwagen gebracht.

Exercise 6

In Text 2 underline all of the articles and their nouns that are in the accusative because they are objects.

Exercise 7 (CD1; 3)

Now work with the recording. Finish each sentence you are given with a phrase in the accusative according to the English prompt provided.

Wissen Sie das schon?

Einwohnermeldeamt

In Germany everybody has to register where they live. This is done at the **Einwohnermeldeamt,** the local government registration office, which is usually located in the **Rathaus,** town hall. When you move from one place to another you first have to de-register your old address, **sich abmelden,** and then you have to change your registered address, **sich ummelden,** and re-register, **sich anmelden.** Once you have registered you receive confirmation in the form of an **Anmeldebestätigung.** This information means you are automatically on the electoral roll, on the tax register, etc. You'll need the **Anmeldebestätigung** for many things such as registering for parking permits or enrolling children at a school.

Text 3

Einwohnermeldeamt

Beim Einwohnermeldeamt des bisherigen Wohnortes können Umziehende sich frühestens sieben Tage vor dem tatsächlichen Auszug abmelden. Für die Abmeldung benötigt man Personalausweis oder Reisepass. Viele Behörden öffnen um acht Uhr morgens, an manchen Tagen sind die Schalter bereits ab sieben Uhr besetzt. Im neuen Meldebezirk geht der „Spaß" dann von vorne los. Wieder will das Einwohnermeldeamt informiert sein – und zwar innerhalb kurzer Zeit. Je nach Bundesland gelten Fristen von ein bis zwei Wochen, innerhalb derer sich Umziehende melden müssen. Auch beim Umzug innerhalb des gleichen Meldebezirks ist es erforderlich, das Einwohnermeldeamt zu informieren.

Elektronische Rathäuser

Viele Städte und Gemeinden sind mittlerweile mit „virtuellen Rathäusern" im Internet. Neben Informationen zu Öffnungszeiten und Adressen erhält man dort Online-Formulare. Diese elektronischen Formulare muss man am Bildschirm ausfüllen und anschließend ausdrucken und absenden.

In einigen Städten kann man sich auf diese Weise tatsächlich den Gang zur Behörde sparen. Ein Beispiel ist München, wo es genügt, ein Anmeldeformular – online erhältlich – zusammen mit der Abmeldebestätigung an das Einwohnermeldeamt zu schicken.

Adapted from http://www.ummelden.de/ummelden_x1.html accessed 2.1.07

Vokabular ◆

der Umziehende/die Umziehende	someone moving house
der Auszug	moving out of one's house/apartment
der Personalausweis	identity card
die Behörde	public office
der Schalter	counter
der Meldebezirk	registration district

die Frist	time allowed to do something
erforderlich	necessary
mittlerweile	here: nowadays
der Bildschirm	screen

Exercise 8

Read the information about the **Einwohnermeldeamt** in Text 2 and answer the questions.

1 Wie viele Tage vor dem Umzug darf man sich abmelden?
2 Was braucht man, wenn man sich ummeldet?
3 Um wie viel Uhr machen viele Behörden auf?
4 Wie lange können Umziehende warten, bis sie sich anmelden?
5 Was gibt es beim Online-Rathaus?
6 In welcher Stadt kann man sich online an- und abmelden?

Exercise 9   (CD1; 4)

Using what you've learnt about registering where you live, imagine you are advising someone moving to Germany how to register at the local **Einwohnermeldeamt**. Here are the questions and the prompts. You can prepare your answers in advance if you want.

Ich ziehe demnächst um. Das weißt du ja – nach München. Ich habe schon eine neue Wohnung gefunden, aber es gibt noch viel zu tun. Was muss ich also machen?
(You have to deregister at the local government registration office.)

Aha, wann muss ich das machen, jetzt schon?
(7 days before the move at the earliest)

Also, ich gehe in der Woche vor dem Umzug zum Einwohnermeldeamt. Was muss ich mitnehmen?
(your identity card or passport)

Okay, und weißt du, um wie viel Uhr das Amt aufmacht?
(Many public offices open at 8 o'clock.)

Oh, das finde ich aber sehr früh. Kann ich das Ganze auch online erledigen?
(Yes, you can. There's a virtual town hall.)

Gibt es dort nur Informationen zu Öffnungszeiten oder kann man auch Online-Formulare ausfüllen und direkt abschicken? (Yes, there are online forms.)

Toll, das hört sich gut an. Danke schön. (You're welcome.)

Wissen Sie das schon?

Du or Sie?

In the dialogue in Exercise 9 you can hear the two people saying **du** to each other. **Du** is used between members of a family, and by adults talking to children, by students to other students and by close friends. Any other adults would normally say **Sie** to each other. You would definitely say **Sie** to any adults you met if travelling or working in Germany, Austria or Switzerland. If and when you became friends with someone, they may ask you „**Sollen wir uns duzen?**" 'Should we say **du** to each other?' It can be difficult for someone who hasn't grown up with **du** and **Sie** to know which to use, but if in doubt, err on the side of politeness and call people **Sie**.

Text 4

Wohnungsanzeigen

Zu vermieten

135m² 5-Zimmerwohnung in 45657 Recklinghausen Stadtmitte, Westerholter Weg. Miete €975 – warm, Kaution €750. Sanierter Altbau, 2. Etage, Bad, Badewanne, Dusche, Gäste WC, Tiefgaragenplatz.	68m² 3-Zimmerwohnung in 45663 Recklinghausen Süd, Leusbergstraße. Sanierter Altbau, 1. Etage, Bad mit Badewanne, Balkon. Bodenbelag: Laminat. Parksituation: eigener Stellplatz. €410,- kalt. Kaution €820,-.

Vokabular ♦

Wohnungsanzeigen (pl.)	housing advertisements
zu vermieten	for rent
die Miete	rent
die Kaution	deposit
der sanierte Altbau	modernised older property
warm	here: rental price includes heating; always check what else is included, such as taxes, water, etc.
2. Etage	second floor
die Badewanne	bath tub
der Bodenbelag	flooring
der Stellplatz	allocated parking space
kalt	rental price excludes heating

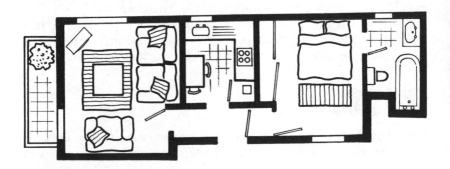

Exercise 10

Look at Text 4 showing advertisements for flats available to rent in Recklinghausen. Write sentences about these two flats. Use the example below as a model.

Beispiel: Ich habe eine neue Wohnung. Sie ist 85m² groß. Die Warmmiete ist €750. Es gibt ein Bad, eine Küche, vier Zimmer, einen Balkon und einen Tiefgaragenplatz. Die Wohnung liegt in Recklinghausen Stadtmitte.

Wissen Sie das schon?

Size of your home

When you tell someone the size of your home in German, you would normally say how large it is in square metres. You could also tell them how many rooms you have: **Meine Wohnung ist 95m² und hat vier Zimmer.** In this you include all reception and bedrooms, so a **4-Zimmerwohnung** may have **ein Wohnzimmer, ein Arbeitszimmer, ein Schlafzimmer und ein Kinderzimmer.** It is assumed that homes have kitchens and bathrooms, so these aren't included in the number of rooms.

Many people live in apartments rather than houses. There are owner-occupied apartments, **Eigentumswohnungen,** and some people aspire to building or buying their own house. A large number of people live in rented accommodation, **zur Miete wohnen.**

Most homes do not have a kitchen fitted when you rent or buy them. You either provide your own kitchen furniture and white goods, or you may be able to buy them from the previous occupants.

Exercise 11

Now describe your own home. You can estimate the size of your home in square metres. You may want to use some of the expressions in the box.

---

ein Einfamilienhaus   ein Mehrfamilienhaus
      ein Zweifamilienhaus   eine Doppelhaushälfte
ein Reihenhaus   eine Wohnküche   eine Kochnische
      eine voll ausgestattete Küche
ein Bad mit Dusche und WC   ein Gästezimmer
      eine Garage   eine Terasse   ein Arbeitszimmer

Text 5

Haus oder Wohnung?

Diese Frage hängt nicht unbedingt nur an finanziellen Aspekten. Auch zentral gelegene Luxuswohnungen erreichen schnell den Preis eines Reihenhäuschens im Grünen. Wichtig sind hier die ganz persönlichen Wünsche des Käufers.

Modernisierung

Keine Frage, Altbauwohnungen und -häuser haben Stil und Atmosphäre. Und sie sind voll im Trend, wenn auch technisch nicht immer up-to-date. Mit einfachen Renovierungsarbeiten ist es häufig nicht getan. Wer sich für den Kauf einer Altbauwohnung oder eines Hauses entscheidet, sollte sich vor allem über den Modernisierungsbedarf im Klaren sein. Hier ist Expertenhilfe notwendig. Die Kosten der Modernisierung können sehr hoch werden. Dafür erhöhen sie natürlich Qualität und Wert der Immobilie. Außerdem sollte sich die Investition längerfristig über niedrigere Energiekosten auszahlen.

Adapted from http://www.ummelden.de/ratgeber/mieten_kaufen2.html accessed 2.6.06 and http://www.ummelden.de/ratgeber/mieten_kaufen5.html accessed 2.6.06

Exercise 12

Underline the German expressions to match these English phrases.

1 doesn't only depend on financial questions
2 the cost of a small terraced house
3 the personal wishes of the buyer are important
4 there's no question
5 they're very fashionable
6 simple renovations are often not enough
7 whoever decides to buy
8 to be aware of
9 they increase the quality and value of the property
10 to pay for itself in the long term through lower energy costs

Exercise 13 (CD1; 5)

a A friend of yours is wondering whether he should buy a property in need of renovation. First use expressions from Text 5 to write replies to the issues he raises. Follow the prompts in brackets.

1 Kannst du mir vielleicht einen Rat geben?
   (Of course.)
2 Ich glaube, ich möchte eine Immobilie erwerben.
   (Do you want a house or an apartment?)
3 Ich habe eine schöne, zentral gelegene Altbauwohnung gesehen.
   (There's no question, that's very fashionable.)
4 So eine zentral gelegene Luxuswohnung ist natürlich wunderschön, aber sie kostet oft so viel wie ein kleines Reihenhaus.
   (Your personal wishes are important.)
5 Keine Frage. Ich möchte natürlich in der Stadtmitte wohnen. Aber die Wohnung muss modernisiert werden.
   (Simple renovations are often not enough.)

6   Das kann aber teuer werden.
    (But good renovations increase the quality and value of the
    property.)
7   Ja, das stimmt.
    (And they often pay for themselves in the long run through
    lower energy costs.)
8   Du hast recht. Ich sehe mir die Wohnung noch einmal an.

b   Use the answers to take part in a dialogue on the recording.

Vokabular ◆

einen Rat geben   to give advice

 **Exercise 14**   (CD1; 6)

a   Listen to a list of words or short phrases from this unit. They all
    contain the letter combinations **ie** or **ei** or both. Revise your
    vocabulary by writing the words in the correct column.

ie	*ei*	*ie and ei*

b   Now practise these sounds in context.

2 Lernen und Lehren

In this unit you can learn about:

▶ education in Germany
▶ saying what you like using **gefallen**
▶ the perfect tense
▶ using **war** and **hatte**
▶ saying long German words
▶ managing listening exercises

Wissen Sie das schon?

The school system in Germany

In Germany, the **Bundesländer**, the federal states, are in charge of education. There are structural differences between the schools in different **Länder**, but key decisions are harmonised across the whole country. Thus pupils can move between different **Länder** and leaving certificates, **Abschlusszeugnisse**, are recognised everywhere. In practice this means that basic educational structures are the same in all **Bundesländer** but details vary.

In Germany there is **Schulpflicht**, compulsory attendance at school. Home schooling is not permitted under German law. Children usually start school in the autumn after their sixth birthday. **Schulpflicht** lasts – depending on **Bundesland** regulations – either nine or ten years. At this stage learners can choose either to continue in full-time education or to start vocational training, **eine berufliche Ausbildung**. However, in the latter case they must continue day-release or full-time education at a vocational college, **Berufsschule**, until they are at least 18.

All children attend four years (in Berlin six years) of **Grundschule**, primary school, and then move to one type of the **höhere** or **weiterführende Schule**, secondary school. In much of Germany there is a three-tiered school system: the **Hauptschule** delivers a basic general knowledge and prepares for vocational training; the **Realschule** goes beyond this basic education and prepares for either vocational training or a transfer to more academic study (**Oberstufe**) if good grades are obtained; and the **Gymnasium** offers a broader and deeper general education, preparing for higher education. On successful completion of the **Gymnasium** pupils can achieve the **Abitur**, which is the leaving certificate needed for university entrance.

This three-tiered school system is the norm in many regions, but in some **Bundesländer** there is also a **Gesamtschule**, a comprehensive school. In other regions there is the **Regelschule** or **Sekundarschule**, which are both combined **Real-** and **Hauptschulen**.

Text 1

SCHULWESEN IN BADEN–WÜRTTEMBERG

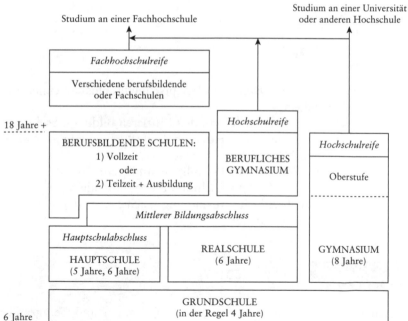

Vokabular ◆

betriebliche Ausbildung in-company training, apprenticeship

Exercise 1

Answer the following questions on the school system in Baden-Württemberg. Use information from **Wissen Sie das schon?** and the diagram.

1 Gehen die Schüler in Baden-Württemberg vier oder sechs Jahre in die Grundschule?
2 Welche weiterführenden Schulen gibt es in Baden-Württemberg nicht? Kreuzen Sie an:

a Hauptschule
b Realschule
c Gymnasium
d Regelschule
e Gesamtschule

3 Was machen Schüler nach dem Hauptschulabschluss? Nennen Sie zwei Möglichkeiten.
4 An welchen Schulen macht man den Mittleren Bildungsabschluss?
5 Wie bekommt man die Hochschulreife? Hier gibt es zwei Möglichkeiten. Nennen Sie eine.
6 Wo kann man mit der Hochschulreife studieren?
7 Kann man mit der Fachhochschulreife überall studieren?
8 Wenn man eine berufliche Ausbildung macht, geht man auch auf eine Schule. Wie heißt sie?

Exercise 2 (CD1; 7)

Listen to a phone call between Jasmin Feldmann and her grandfather. Tick in the following table which of the family members attends what educational institution in their new home town, and whether they like it there, or not.

	Jasmin	Matthias	Kilian	Sven/Vater
Grundschule				
Realschule				
Gymnasium				
Gesamtschule				
Regelschule				
Berufsschule				
Fachhochschule				
Universität				
☺				
☹				

Lerntipp ◆

Listening exercises

How did you work out the information on likes and dislikes in Exercise 2? Did you know the verb **gefallen** and so understand Jasmin? Or did you listen to her tone of voice and make a guess as to the meaning? Both approaches are equally valid. It is usually not necessary to understand every word you hear to find answers for a listening exercise. Working them out from cues like context and tone of voice constitutes good listening skills. It prepares you for real-life situations when you listen to people who do not simplify what they say to be understood by language learners. In these situations, you need to use contextual cues as well. This is something you will do in your own language without even noticing.

If you were worried about not understanding every word, listen to the dialogue again and see if you can use the cues to get the answers needed.

Zur Sprache ◆

Using **gefallen**

The verb **gefallen** is used to express a liking for a thing, place or person.

Die neue Schule gefällt mir sehr gut.
I like the new school a lot. (The new school is very pleasing to me.)

Gefallen literally means 'to be pleasing to', but this does not sound natural in English. To make the English flow naturally, it needs to be translated differently, as in the example above.

Look at the examples below and decide which word is the subject in the German version.

Uns gefällt diese kleine, enge Wohnung gar nicht.
We don't like this small, cramped flat at all.

Ihre großen Zimmer gefallen den Kindern ganz besonders.
The children particularly like their big rooms.

The subjects in all the German sentences are the items that are being liked. They are pleasing to the person or persons.

To translate 'to me, to you, to him', etc into German you need to use the dative form of the personal pronoun, which you can find in the Grammar Summary.

Because the item that is pleasing is the subject, the main verb has to change its form depending on whether this item is singular or plural.

If one thing, person or place is pleasing:

Die Stadt *gefällt* **mir.**   I like the town.

If more than one thing, person or place is pleasing:

Die Städte in dieser Gegend   I like the towns in this area.
  gefallen **mir.**

You can vary the word order in the sentence. 'She likes Austria.' can thus be expressed in two ways:

Österreich gefällt ihr.
Ihr gefällt Österreich.

Exercise 3

Here are some partially transcribed sentences from the dialogue in Exercise 2.

a   Listen again and fill the gaps in the sentences.

1   Na, gefällt es dir denn in Recklinghausen? – Ja, _____.
2   Heute war ja auch der erste Schultag. _____
    _____?
3   Und wie ist es mit den Jungen? _____?
4   Na ja, Matthias _____:
5   Ah, der arme Matthias, ich hoffe es wird bald besser. Aber
    Kilian _____.
6   _____. Die Kollegen
    sind wohl sehr lustig.

b   Now translate the sentences into English.

Exercise 4   (CD1; 8)

Follow the instructions on the audio recording to form and extend sentences in German using the verb **gefallen**.

Exercise 5

Read Text 2 about settling in at a German university. Find the corresponding terms for the definitions below.

1   Pause zwischen zwei Semestern
2   das Semester, das zwischen April und Juli stattfindet
3   Studentinnen und Studenten, die gerade mit dem Studium begonnen
    haben
4   Mann, der an einer Universität oder Fachhochschule unterrichtet
5   großer Raum an einer Universität oder Fachhochschule, in dem
    Vorlesungen stattfinden
6   Buch, in dem alle Vorlesungen und Seminare eines Semesters
    aufgelistet sind
7   sich zu einer Vorlesung/einem Seminar/einem Kurs an der Universität oder Fachhochschule anmelden

Text 2

Im ersten Semester Informatik – eine Studentin erzählt

Es ist Februar, Semesterferien, vorlesungsfreie Zeit. Das Winter-semester an Universitäten und Fachhochschulen ist zu Ende und das Sommersemester beginnt erst Ende März. Wie war das erste Semester?

Am Gymnasium habe ich mich schon immer für Informatik inter-essiert. Aber das Studium ist etwas ganz anderes. Alles ist gleich viel komplizierter. Zuerst haben alle Erstsemester einen Mathevorkurs gemacht. Hier hat man unsere Schulkenntnisse getestet und eventuelle Lücken gefüllt. Obwohl ich in der Schule in Mathematik immer eine der Besten war, hat es hier nicht gereicht. Der Dozent hat sofort mit den kompliziertesten Themen angefangen und alles ist so schnell gegangen, man hatte wenig Zeit zu reflektieren. Mir hat nur noch der Kopf geschwirrt. Außerdem haben wir da zu 400 oder 500 Studierenden im Hörsaal gesessen. So viele Bänke waren gar nicht da. Wir haben auf den Fensterbänken und auf dem Fußboden gehockt – manchmal habe ich den Dozenten gar nicht gesehen.

Neu war auch, dass es an der Uni keinen festen Stundenplan gibt. Man muss Vorlesungen, Seminare und andere Kurse im Vorlesungsverzeichnis suchen und dann belegen – das haben wir Erstsemester erst langsam gelernt und manchmal war ein Pflichtkurs schon voll. Meinen Einführungskurs in die Statistik mache ich also erst im Sommersemester. Den habe ich im Winter verpasst.

Trotzdem möchte ich nicht wieder an die Schule zurück. Das Leben hier ist viel freier. Ich habe viele supernette, neue Leute kennen gelernt und bin mindestens einmal pro Woche auf eine Party gegangen – naja, vielleicht eher zweimal. Und da ich jetzt weiß, wo der Hase langläuft, komme ich in Zukunft bestimmt besser zurecht. Den Mathevorkurs habe ich auch bestanden. Ich freu mich schon auf's zweite Semester.

(Anja Neubauer, 2. Semester Informatik)

Vokabular ◆

die Informatik	here: computer studies/science
der Mathevorkurs	preparatory maths course
die Schulkenntnisse	here: knowledge acquired at school
eventuell	possible
reichen	to be enough
mir hat der Kopf geschwirrt	my head was buzzing
die Fensterbank	window sill
der Fußboden	floor
hocken	to crouch
die Vorlesung	lecture
der Pflichtkurs	compulsory course
der Einführungskurs	introductory course
verpassen	to miss
wissen, wo der Hase langläuft	to know what's what
einen Kurs bestehen	to pass a course

Exercise 6

What do you think Anja Neubauer and her fellow students might like or dislike about their studies? Write five sentences using **gefallen**.

Anja Neubauer . . .
Den meisten Studenten . . .

Zur Sprache ◆

Talking about the past

The perfect tense is the most common tense used in spoken German to refer to past events. The tense is also used in writing when referring to the immediate past or when the style is informal, i.e. similar to spoken language, for example in emails or in chatty articles like Text 2.

To form the perfect tense you use the form of **haben** or **sein** which matches the subject of the sentence. Then you add the past participle of the verb to the end of the sentence.

Alle Erstsemester *haben* einen Mathevorkurs *gemacht.*
All students in their first semester did a preparatory maths course.

haben is used in most cases, but sein is needed for verbs of motion,
e.g. gehen, and some exceptions such as werden. You will pick these
up gradually as you learn more German.

Das Wintersemester *ist* zu Ende   The winter semester has come
gegangen.   to an end.

Past participles for weak verbs are formed by using the stem (i.e. the
infinitive without the final -en) and adding ge- at the beginning and
-t to the end. If the stem ends in t or d, -et is added.

machen – *gemacht* (done)   testen – *getestet* (tested)

ge + machen + t   *ge + testen + et*

Past participles of strong verbs usually end in -en. They are irregular
and it is easiest if you learn them for each new verb.

gehen – gegangen (gone)   sehen – gesehen (seen)

There are some *further rules governing the formation of participles.*
ge- is not added to the beginning of the participle if the infinitive
starts with be-, ge-, ver-, or zer- or ends in -ieren.

Ich *habe* den Einführungskurs   I missed the introductory
verpasst.   course.
Ich *habe* mich schon immer für   I have always been interested
Informatik *interessiert.*   in computer science.
Ich *habe* den Mathevorkurs   I (have) passed the preparatory
bestanden.   maths course.

For separable verbs -ge- is inserted into the middle.

Der Dozent hat sofort mit den kompliziertesten Themen an*ge*fangen.
The lecturer started on the most complicated topics straight away.

Your dictionary will have a verb table with at least the most common
verbs. You can use this table initially to check on irregular participles
until you have learnt them.

Exercise 7

a   Underline all examples of the perfect tense in Text 2 and see if
    you can apply the rules above. You might like to make notes of
    explanatory rules.

Beispiel: Obwohl ich in der Schule in Mathematik immer
            eine der Besten war, *hat* es hier nicht *gereicht*. –
            hat refers to **es**; **gereicht** comes from the weak verb
            reichen.

b   There are also some other verb forms referring to the past. Which
    are they and why do you think they are used here?

Exercise 8

This table summarises some characteristics of university studies. Read
Text 3 and find the equivalent information for a **Fachhochschulstudium**
in an extract of Frequently Asked Questions on a website for pro-
spective students.

Universitätsstudium	*Fachhochschulstudium*
1 eher theoretische Fächer	
2 kein fester Stundenplan; mehr Freiheit zu studieren was einen interessiert	
3 riesige und übervolle Vorlesungen und Seminare	
4 lange Semesterferien	
5 oft ein langes Studium	
6 viele verschiedene Fachbereiche	
7 Freiheit der Lehre	
8 lange Tradition; etablierte Universitäten mit gutem Ruf	

Text 3

FAQ zum Studium

Wie unterscheidet sich das Fachhochschulstudium von dem an einer Universität?

Fachhochschulen entstanden in den 60er Jahren, weil die deutsche Wirtschaft mehr gut ausgebildete Fachkräfte brauchte. Daher ist das Fachhochschulstudium auch heute noch besonders praxisorientiert. Es gibt keine rein theoretischen Studiengänge wie z.B. Philosophie. Außerdem ist das Studium straffer organisiert, mit einem Semesterstundenplan. Unterricht findet in kleinen Gruppen statt und man macht Prüfungen während des ganzen Studiums. Auch die Semesterferien sind nicht so lang. Somit ist das Fachhochschulstudium meistens kürzer.

Es gibt an einer Fachhochschule nicht alle Fachbereiche, stattdessen wird Wert auf interdisziplinäre Studiengänge gelegt, z.B. Umwelt- oder Medizintechnik. Auch wird das Studienangebot immer wieder den Bedürfnissen der Wirtschaft angepasst.

Wie viele Studierende entscheiden sich für eine Fachhochschule?

Trotz ihrer erst kurzen Tradition werden Fachhochschulen bei Studierenden immer beliebter. Die Zahl der Fachhochschulstudenten ist heute fünfmal so hoch wie in den 60er Jahren. Heutzutage kommen circa 35 Prozent aller Hochschulabsolventen von einer Fachhochschule. In manchen Berufsfeldern, z.B. im Ingenierwesen, haben mehr als die Hälfte einen Fachhochschulabschluss.

Vokabular ◆

die Wirtschaft	economy
gut ausgebildete Fachkräfte	well-qualified specialists
der Studiengang	course of studies
straff	tight
der Fachbereich	faculty
Wert legen auf (+ acc.)	to set great store by something

den Bedürfnissen angepasst	adapted to requirements
der Hochschulabsolvent	graduate
der Fachhochschulabschluss	degree from a university for applied
(cf. **der Universitätsabschluss**)	sciences

Exercise 9

Use the notes below to write a paragraph describing a person's former studies. Use the word(s) in brackets as the subject of each sentence.

früher an einer Fachhochschule studieren (ich)
sich schon immer für Technik interessieren (ich)
sofort Lübeck als Studienort vorschlagen (meine Eltern)
weil dort wohnen (meine Oma)
sich ein praxisorientiertes Studium wünschen (ich)
deshalb Umwelttechnik an der Fachhochschule Lübeck wählen (ich)
klar strukturiert sein und einen festen Semesterstundenplan haben
  (mein Studium)
in den kurzen Semesterferien oft ein Praktikum machen (ich)
mein Studium in dreieinhalb Jahren absolvieren (ich)
heute bei BASF in Ludwigshafen arbeiten (ich)

Exercise 10 (CD1; 9)

In this unit you have come across many long words such as **Semesterstundenplan**. Practise the pronunciation of such compound words with the audio recording. Then use the information from Exercise 9 to answer questions including many of these long words.

Wissen Sie das schon?

Die duale Ausbildung

In Austria, Germany and Switzerland much of the vocational training is traditionally provided through the **duales Ausbildungssystem**. Apprentices, **Auszubildende**, receive practical training from their employer and education at a vocational college, **Berufsschule**, which they visit on day or block release. Such an apprenticeship, **Ausbildung**, takes between 2½ and 3½ years, depending on the job and the level of schooling of the apprentice. During this time the **Auszubildende** receive an allowance from their employers.

Exercise 11 (CD1; 10)

Listen to three short interviews about people's jobs, their education and career path, **Werdegang**. For each interviewee tick the appropriate information in the table below.

Person 1	*Person 2*	*Person 3*	
			. . . ist Frisör.
			. . . ist Hilfsarbeiter.
			. . . ist leitende Angestellte in einer Bank.
			. . . hat einen Hauptschulabschluss und keine Ausbildungsstelle bekommen.
			. . . war auf der Hauptschule, bekam aber keinen Abschluss.
			. . . hat einen Realschulabschluss.
			. . . hat seinen Realschulabschluss an der Berufsfachschule nachgemacht.
			. . . hat das Abitur im Abendgymnasium gemacht.
			. . . ging auf eine berufsvorbereitende Schule.
			. . . hat ein Praktikum gemacht und bei diesem Arbeitgeber eine Ausbildungsstelle bekommen.
			. . . machte eine Ausbildung zum Chemiefacharbeiter und hat diese nicht beendet.
			. . . hat die Meisterprüfung gemacht.
			. . . war arbeitslos.
			. . . hofft auf eine Ausbildung zum Maurer.
			. . . möchte mit einer Kollegin einen Frisörsalon aufmachen.

Vokabular ◆

der Hilfsarbeiter	labourer
der/die leitende Angestellte	manager
die Berufsfachschule; die berufsvorbereitende Schule	two vocational schools available in some **Bundesländer** for learners who do not get an apprenticeship but still have to participate in compulsory schooling
der Chemiefacharbeiter	trained chemical worker
die Meisterprüfung	exam to become master craftsman
das Praktikum	work experience; internship
der Maurer	bricklayer

Exercise 12 **(CD1; 11)**

Now make notes about what you would say about your job, schooling and career. Say your answers in the pauses on the audio recording.

3 Stadt, Region, Heimat

In this unit you can learn about:

- ▶ towns, regions, **Bundesländer**
- ▶ the concept of **Heimat**
- ▶ describing a town
- ▶ asking and giving directions
- ▶ asking questions
- ▶ relative clauses
- ▶ **Wechselpräpositionen**
- ▶ pronouncing vowels with and without **Umlaut**
- ▶ how to get further listening and speaking practice

Exercise 1

Text 1 gives further information about the Feldmanns' new home town. Skim read it, focusing on general topics rather than details. Allocate one of the following headings to each paragraph.

a Verkehrsverbindungen
b Stadtzentrum und Sehenswürdigkeiten
c Lage
d Andere Stadtteile
e Industrie und Landwirtschaft

Text 1 🔊 (CD1; 12)

Recklinghausen

Sympathische Stadt mit landschaftlichem Reiz, industriellem Erbe und moderner Kultur

(1) _____

Südlich vom Münsterland, im Norden des Ruhrgebiets, ungefähr zwischen Bochum und Dortmund, liegt Recklinghausen. Diese kleine Großstadt mit ihren ca. 125 000 Einwohnern liegt somit auf der Grenze zwischen dünnbesiedelter Landschaft und industrialisiertem Ballungsraum.

(2) _____

Im Münsterland findet man Wälder, Landwirtschaft sowie Kleinstädte und Dörfer. Im Ballungsraum Ruhrgebiet, der durch Kohlenbergbau und Stahlindustrie im 19. Jahrhundert schnell wuchs, grenzt eine Stadt an die andere. Da der Bergbau heute immer mehr zurück geht, sind nun z.b. Chemie, Energie, Umweltschutz und Dienstleistungen die wirtschaftliche Basis der Region.

(3) _____

Im Zentrum der Stadt Recklinghausen liegen ihre mittelalterlichen Wälle. Aber Reste der alten Stadtmauer sieht man nur noch am Herzogswall. Der alte Wachturm Engelsburg ist heute ein exklusives Hotel. Ansonsten sind die Wälle nur noch ein Straßenring, der die hübsche Altstadt umschließt. Diese hat eine gemütliche Atmosphäre mit ihren verwinkelten Gassen und netten Cafés, die um den Alten Markt gelegen sind. Dort befindet sich auch die mittelalterliche Petruskirche und das kleine, aber international bekannte Ikonenmuseum. Das imposante, alte Rathaus, das 1908 erbaut wurde, liegt am Kaiserwall. Eine gute Mischung aus kleinen Geschäften und Kaufhäusern bieten gute Einkaufsmöglichkeiten.

(4) _____

Doch die Stadt ist natürlich inzwischen weit über ihre Mauern hinaus gewachsen. Recklinghausen Süd ist der traditionell industriereiche Teil der Stadt. Auch dieser Teil hat sich nach dem Abzug des Bergbaus sehr verändert. Die alten Villen im Westviertel erinnern an eine Zeit, in der Industrie Reichtum in eine Arbeiterstadt brachte.

Das Nordviertel ist ein moderneres Wohngebiet, in dem sich auch das berühmte Theater „Ruhrfestspielhaus" befindet. Hier findet alljährlich im Frühsommer das Theaterfestival „Die Ruhrfestspiele" statt, das inzwischen auch weit über die Grenzen des Ruhrgebiets bekannt ist.

(5) _____
Die Stadt liegt verkehrstechnisch sehr günstig. Östlich des Walls befinden sich der Hauptbahnhof und der Busbahnhof mit guter Anbindung an das Nahverkehrssystem des Ruhrgebiets und des Münsterlandes. Die Autobahn A43 von Dortmund nach Münster führt im Westen an der Stadt vorbei. Die A2, auf der man vom Ruhrgebiet nach Berlin fahren kann, liegt südlich der Stadt. Die nächsten Flughäfen findet man in Düsseldorf und jetzt auch in Dortmund.

Vokabular ◆

der Reiz	charm
das Erbe	heritage
dünnbesiedelt	sparsely populated
der Ballungsraum	conurbation
die Landwirtschaft	agriculture
der (Kohlen-)Bergbau	(coal) mining
grenzen an	to border on to
der Umweltschutz	protection of the environment
die Dienstleistungen (pl.)	here: service industry
mittelalterliche Wälle	medieval town walls
der Wachturm	watch-tower
gemütlich	cosy
verwinkelte Gassen	narrow, winding streets
gelegen sein	to be situated
der Abzug	here: disappearance
verkehrstechnisch günstig	with beneficial transport links
das Nahverkehrssystem	local public transport system

Wissen Sie das schon?

Groß- oder Kleinstadt

In Germany towns and cities are commonly classified by the number of their inhabitants, and people tend to know this information about their home town. A town or city with 100,000 or more inhabitants is called a **Großstadt**. If it has fewer inhabitants, it is a **Kleinstadt**. What would you answer if you were asked: **Ist Ihre Heimatstadt eine Großstadt? Wie viele Einwohner hat sie?**

Exercise 2

Answer these questions about Text 1.

1 Warum nennt der Text Recklinghausen eine „kleine Großstadt"?
2 Welche Industrien gab es früher im Ruhrgebiet, welche gibt es heute?
3 Was für eine Gegend ist das Ruhrgebiet?
4 Gibt es in Recklinghausen große oder kleine Geschäfte?
5 Wann finden die Ruhrfestspiele statt?
6 Kann man direkt nach Recklinghausen fliegen?

Exercise 3

Reread paragraphs 3 and 4 of Text 1 and match up these labels with the places marked 1–7 on the following map.

a Reste der Stadtmauer
b Altstadt
c Petruskirche
d Rathaus
e Ruhrfestspielhaus
f Hauptbahnhof
g Busbahnhof

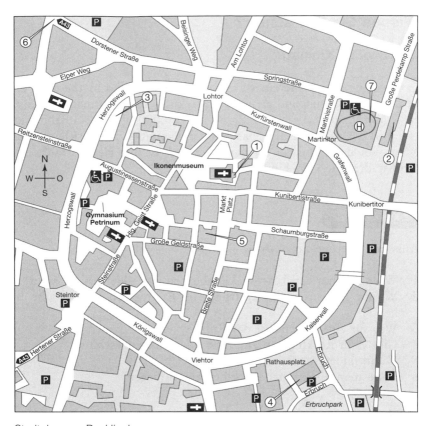

Stadtplan von Recklinghausen

Exercise 4   (CD1; 13)

a   Listen to the three dialogues of people asking for directions from the **Busbahnhof** to different places in Recklinghausen. Note the destinations and follow the directions on the map. Each set contains one mistake. Can you spot it?

b   Revise giving directions yourself, by answering two further questions you hear:

Wie komme ich zum Rathaus?

Wo ist denn die Petruskirche?

Exercise 5 (CD1; 14)

a Listen to the dialogues for Exercise 4 again. Note down all of the questions and divide them into two groups: those that start with question words like **Wer? Wann?** and those that don't. How do you form the questions which don't start with question words?
b Make a list of all the question words you know.
c Now listen to the recording of the questions and repeat them, copying the intonation pattern.

Lerntipp ◆

Further listening and speaking practice

Listening to spoken German is a good way of improving your pronunciation and intonation when you speak the language yourself. You can do this by listening to satellite television, podcasts, webcasts, recorded books or the radio. To help you find suitable texts, we have also included a number of the reading texts from this book in the audio recording. Look for the audio symbol to see which texts have been included. No exercises have been provided to accompany these recordings. Here are a number of suggestions for what you may like to do:

- listen repeatedly to understand in increasingly more detail;
- read alongside to yourself;
- read alongside aloud, trying to mimic the intonation pattern and speed of the recording;
- pause the recording to repeat the pronunciation of words or phrases you find hard;
- read a sentence aloud then compare your pronunciation/intonation with that of the recording.

Zur Sprache ◆

Wechselpräpositionen

Some prepositions can take either the accusative or the dative case, depending on the context. These are called **Wechselpräpositionen** (**wechseln** 'to change').

The accusative is used when movement, a change of location, is involved.

Wie komme ich in *die* Altstadt?	How do I get to the old town?
Geh doch mit uns in *ein* Café.	Go on, let's go to a café together.
Fahren Sie mit dem Auto auf *den* Parkplatz.	Drive your car into the car park.

The dative is used when the location remains the same.

In *der* Altstadt gibt es viele Geschäfte.	There are many shops in the old town.
In *einem* Café können wir Pause machen.	We can have a break in a café.
Parken Sie auf *dem* Parkplatz.	Park in the car park.

The prepositions affected by this rule are **an, auf, entlang, hinter, in, neben, über, unter, vor** and **zwischen**.

Some prepositions combine with the article that follows:

in + das = ins

in + dem = im

an + dem = am

Exercise 6   (CD1; 15)

Martina Feldmann is asking her new neighbour for advice. Choose the correct preposition and article from each pair in italics. Then listen to the recording of the conversation and check your choices.

MARTINA   Ich muss heute noch unbedingt *aufs/auf dem* Einwohnermeldeamt gehen.

NACHBARIN   Was willst du denn dort?

MARTINA   Ich muss noch unsere Abmeldungsbescheinigung aus Magdeburg abgeben. Außerdem möchte ich *ins/im* Passamt meinen neuen Pass beantragen. Weißt du, wo das ist?

NACHBARIN   Ja, das ist *in ein/in einem* Gebäude rechts *neben das Alte/dem Alten* Rathaus, *an den/am* Kaiserwall.

MARTINA   Und wie komme ich am besten dorthin?

NACHBARIN   Am besten fährst du Bus. Der 22er bringt dich direkt *vor die/vor der* Tür.

MARTINA   Ach, das dauert immer so lange. Kann ich nicht auch mit dem Auto fahren?

NACHBARIN   Es gibt nur wenige Parkplätze *in die/in der* Innenstadt. Ein paar sind *am/an den* Wall, oder *hinter das/dem* Rathaus. Dann fahr lieber mit dem Fahrrad *in die/in der* Stadt.

Wissen Sie das schon?

Die Bundesrepublik Deutschland

Switzerland, Austria and Germany are all federal states, **Bundesstaaten**, and thus are made up of several smaller states with partial sovereignty. The Federal Republic of Germany, **die Bundesrepublik Deutschland** or **BRD**, consists of 16 states, (**Bundes-**)**Länder**. Whilst the majority of legislation applies to the whole country, individual states are responsible amongst other things for education, police and municipal legislation.

Eleven of these **Bundesländer**, including the city states, **Stadtstaaten**, of Berlin, Bremen and Hamburg, were constructed as administrative units by the Western allies after World War II. After the unification of Germany in 1990 new eastern states were formed: Mecklenburg-Vorpommern, Brandenburg, Sachsen-Anhalt, Thüringen and Sachsen.

The names of some states are long and cumbersome, because they were artificial constructs after World War II. The **Bundesländer** are the official legislative authorities. In addition, there are geographical (e.g. **Ruhrgebiet, Rheinland, Schwarzwald**) or historical (e.g. **Schwaben, Westfalen**) regions. People see themselves as coming from a particular region rather than a **Bundesland**. Therefore, they are less likely to say „**Ich bin Baden-Württemberger/in**", than „**Ich bin Schwabe/Schwäbin**".

Exercise 7 **(CD1; 16)**

In this exercise you focus on the distinction between **a/ä, o/ö** and **u/ü**. Listen to a **Bundesländerquiz** on the audio recording and fill in the missing words in the transcript below.

1 Ein Land, das _____ im _____ Deutschlands liegt, _____ _____ als Niedersachsen und südlich von _____. Mit der _____ gen Westen und der _____ _____ dieses Landes ist es an zwei Seiten vom _____ umgeben und hat somit viel _____.

2 Mein _____ ist ein _____. Mit 3 340 887 _____ ist es die _____ Stadt Deutschlands und liegt in der Mitte von _____. Bis zur Vereinigung Deutschlands, war es in einen _____ und einen Westteil geteilt. Heute ist diese Stadt außerdem _____ der Bundesrepublik Deutschland.

3 Hier haben wir ein neues Bundesland. Es ist besonders _____ für seine _____ Landeshauptstadt Dresden und die

_____ _____ entlang der Elbe und im Erzgebirge. Nach _____ liegen die _____ _____ und Tschechien.

4 Dieses Bundesland befindet sich im _____ der Bundesrepublik. Seine Hauptstadt ist _____. Im _____ dieses Bundeslandes liegen die _____. Es hat eine _____ von 357 027 km^2 und ist somit das größte Land der Bundesrepublik Deutschland.

Which **Bundesländer** are being described?

Exercise 8

The concept of **Heimat** is an important one in the German-speaking countries. Nevertheless, not everybody defines it in the same way. Read Text 2 and decide who considers **Heimat** to be something that can never change, and who says it can develop.

Text 2

Was ist Heimat?

Wir fragten: Was ist für Sie Heimat? Ist es ein Ort, ein Geruch, ein Mensch, eine schöne Erinnerung? Die zahlreichen Antworten zeigen, wie wichtig diese Frage für viele ist. Hier sind einige Antworten.

Carlota Rodrigues:

Gebürtig komme ich aus Spanien. Wir kamen 1987 als kleine Familie mit einem dreijährigen Sohn nach Deutschland, sprachen überhaupt kein Deutsch. Trotzdem waren wir willkommen. In Deutschland habe ich zwei weitere Kinder zur Welt gebracht. Wir alle gehören jetzt hierher. Wo mein Herz ist, das ist meine Heimat. Als gebürtige Spanierin und Wahl-Deutsche schlägt mein Herz für zwei Länder.

Franziska Grube:

Für jeden Menschen gibt es nur eine Heimat. Heimat ist ganz eindeutig dort, wo man groß geworden ist, seine Kindheit und Jugend erlebt hat. Heimat bedeutet: Hier bin oder war ich daheim, hier fühle oder fühlte ich mich am wohlsten.

Manfred Blessing:

Heimat bedeutet für mich die Gegend, aus der ich komme und in der ich heute noch lebe. Das Tal, in dem ich seit 45 Jahren wohne, wo im Herbst die Bäume immer wieder ihre Farbe wechseln, wo ich arbeite und wo meine Freunde und meine Familie wohnen. Heimat ist außerdem, meine Sprache zu hören, meine Kultur zu pflegen, mit den mir vertrauten Personen Zeit zu verbringen – zu Hause zu sein.

Britta Lenic:

Heimat, das ist das Gefühl, das mir als Rheinländerin, die seit 25 Jahren in Oberbayern lebt, immer fehlt. Da fehlen mir die alten Lieder im Radio, das Bummeln auf der vertrauten Einkaufsstraße, der Dialekt und natürlich der rheinländische Humor. All das gibt mir Geborgenheit. Ich liebe die hübsche bayerische Landschaft, das bayerische Brauchtum, in die Schwammerl gehen – aber zu Hause fühle ich mich nach über 20 Jahren hier trotzdem nicht. Heimat ist das Gefühl der Geborgenheit. Man gehört einfach dazu.

Vokabular ◆

der Geruch	smell
zahlreich	numerous
zur Welt gebracht	gave birth to
groß geworden sein	to have grown up
daheim	at home
(Zeit) verbringen	to spend (time)
das Bummeln	strolling
vertraut	familiar
die Geborgenheit	security
in die Schwammerl gehen	(dialect) to go mushroom picking
das Brauchtum	customs, traditions
dazu gehören	to belong

Exercise 9

The following sentences are paraphrases of passages in Text 2. Find
the original sections.

1 Ich bin in Spanien geboren und lebe in Deutschland. Deshalb
liebe ich beide Länder.

2 Heimat ist der Ort, an dem ein Mensch aufgewachsen ist und als
Kind und Jugendlicher gelebt hat.

3 Heimat ist der Ort, an dem man zu Hause ist oder war, und an
dem man am glücklichsten ist oder war.

4 Heimat ist für mich eine bestimmte Landschaft, die ich zu
verschiedenen Jahreszeiten kenne.

5 Heimat bedeutet auch, in meiner Muttersprache und meiner Kultur
zu leben, mit den Menschen zusammen zu sein, die ich gut kenne.

6 Heimat ist ein Gefühl, das mir fehlt, weil ich im Rheinland geboren
bin, aber in Oberbayern lebe.

7 Ich vermisse den Dialekt und den Humor meiner Heimatregion.

8 Heimat ist ein Ort, an dem man sich sicher und zuhause fühlt.

Zur Sprache ♦

Relative clauses

> Geborgenheit ist ein Gefühl, das ich vermisse.
> Security is a feeling (that) I miss.

> Die Wälle sind heute ein Straßenring, der die Altstadt umschließt.
> Today the town walls are a circular road, surrounding the old town.

> Die Frau, die dort in den Bus steigt, ist meine Mutter.
> The woman who is getting on to the bus over there, is my mother.

In these examples all of the subordinate clauses start with a relative
pronoun and are thus called relative clauses. The pronoun agrees in
gender and number with the noun to which it refers, but takes its
case from the function it performs within the subordinate clause. In
the English translation it is possible to omit the relative pronoun.
This is not possible in German.

If the relative clause starts with a preposition, the relative pronoun
has to change accordingly.

Heimat ist für mich eine Stadt, *in die* ich gern zurückkehre.
To me home is a town to which I like to return. (accusative after preposition **in**)

Das Tal, *in dem* ich seit 45 Jahren wohne ...
The valley, in which I have lived for 45 years ... (dative after preposition **in**)

You can find a table of all relative pronouns in the Grammar Summary.

Exercise 10

Relative clauses are useful for definitions.

a   Match each relative clause to the word it defines.

> Beispiel: **ein Gebäude, *in dem sich der Rat der Stadt trifft und Politik macht***

1   ein Platz, ...
2   ein Gebäude, ...
3   ein Amt, ...
4   Stelle in einer Stadt, ...
5   Teil einer Stadt, ...
6   eine katholische Kirche, ...

    a   ... die besonders groß ist und in der ein Bischof residiert
    b   ... in dem Besucher und Besucherinnen einer Stadt wohnen
    c   ... an der Züge anhalten
    d   ... ~~in dem sich der Rat der Stadt trifft und Politik macht~~
    e   ... auf dem an bestimmten Wochentagen an Ständen Obst, Gemüse und andere Waren verkauft werden
    f   ... in dem sich meistens die ältesten Häuser und kleine verwinkelte Gassen befinden
    g   ... auf dem man einen Reisepass beantragt oder verlängert

b   Now guess what place is being referred to. (e.g. 1d, **Rathaus**)
c   Now write some definitions yourself, following the same model. Choose your own locations or write about **die Schule, die Sporthalle, der Parkplatz**.

Lerntipp ♦

Writing

When writing your own texts you should make sure you use sources successfully while at the same time avoiding word for word copying, which could result in plagiarism. Therefore, note down ideas and useful expressions when reading texts in preparation for your own writing. However, avoid copying full sentences or clauses. Then put the original text away and write your own piece with reference only to your notes. You can practise this in Exercise 11.

Exercise 11

Describe where you live and say whether you feel a sense of **Heimat** there or not, and why (not).
Plan your text as suggested in the above **Lerntipp**. Look back at Text 2 to get some ideas and useful words and phrases to talk about **Heimat**. Text 1 offers useful expressions to describe a place. You may find the following bullet points useful when planning your writing.

- geografische Lage
- Region
- Einwohnerzahl
- Sehenswürdigkeiten
- Einkaufsmöglichkeiten
- Verkehrsanbindung

Write about 150 words. Include some relative clauses, and check that you have used the correct cases after prepositions.

4   Auf Arbeitssuche

In this unit you can learn about:

- formal letters and CVs
- giving biographical information
- the imperfect tense
- male and female job titles
- when to use **wann, wenn** and **als**
- giving email and web addresses in German
- learning vocabulary

Exercise 1

Martina Feldmann is working for a temping agency, **Zeitarbeitsfirma**, but looking for a more permanent job. She has prepared a CV (Text 1). In her CV how does Martina express the following in German?

1 personal information
2 place of residence
3 nationality
4 marital status
5 professional experience
6 Personal Assistant to the manager of the Export Department
7 maternity (parental) leave
8 work placement at the Chamber of Commerce and Industry
9 apprenticeship as import/export administrator
10 schooling
11 ability to write and speak English fluently
12 basic knowledge of Italian
13 knowledge of IT

Text 1

Lebenslauf

Persönliche Angaben

Name	Martina Feldmann
geboren	11. Februar 1972, in Annaberg-Buchholz (Sachsen)
Wohnort	Ferdinand-Lehmann-Str. 17 45657 Recklinghausen Tel: 02361/1486770 Handy: 0179/8648305 email: mfeldmann@IT4home.de
Staatsangehörigkeit	deutsch
Familienstand	verheiratet, eine Tochter (12 J.), zwei Söhne (11 und 7 J.)

Berufliche Praxis

seit 11/09	Zeitarbeit im Bereich Sekretariat bei der Firma Meyer-Jahn, Gelsenkirchen
02/06–08/09	Persönliche Assistentin für den Leiter der Exportabteilung, Gruber GmbH, Magdeburg
09/95–01/06	Sekretärin in der Import-/Exportabteilung, Computec, Magdeburg (Erziehungsurlaub 06/98 – 05/04)
08/90–08/91	Praktikum bei der Industrie- und Handelskammer, Dresden

Ausbildung

09/91–06/94	Ausbildung zur Import-/Exportkauffrau, Computech, Magdeburg

Schulbildung

08/78–07/82	3. Grundschule, Annaberg-Buchholz
08/82–07/90	Humboldt Gymnasium Annaberg-Buchholz, Abitur (Note 2,3)

09/94–06/95   Advanced Secretarial Skills & English course for foreign students, Coventry College of Technology

Fremdsprachen

Englisch	fließend in Wort und Schrift (Certificate of Proficiency – Cambridge University)
Russisch	gut (Abiturzeugnis)
Französisch	gut (Abiturzeugnis, Abendkurse)
Italienisch	Grundkenntnisse (Abendkurse)

EDV-Kenntnisse   sehr gute Kenntnisse Windows XP, Word, Powerpoint, EXEL, ACCESS; Grundkenntnisse MacOS

Recklinghausen, den 07.02.2010

Martina Feldmann

Vokabular ♦

die Zeitarbeit	temping
der Bereich	area
die Ausbildung	training, apprenticeship
die Fremdsprache	foreign language
die Note	grade

Wissen Sie das schon?

Writing a CV

An application always includes a CV with a **Lichtbild,** a photo of the applicant taken by a professional photographer. A CV contains several sections. It always starts with **Persönliche Daten** or **Angaben,** giving personal data such as contact details. You are expected to provide your date of birth and marital status. A further section gives details of the applicant's working life to date; this could have a heading such as **Berufstätigkeit** or **Berufserfahrung**. Further sections cover vocational training, **Ausbildung**, and/or university, **Studium**. These are followed by a section on schooling, **Schulbildung**, which commonly even includes primary education.

For men, the CV would include details of military service, **Militärdienst**, or the equivalent social service, **Zivildienst**. Women may have done a year of voluntary work, **Freiwilliges Soziales Jahr**. If relevant there might be a section on additional vocational/professional training, **Berufliche Weiterbildung**, with information on courses attended or specialisations obtained.

Other relevant abilities of the applicant would be listed under **Kenntnisse und Fähigkeiten**. Here applicants can give details of their driver's licence, **Führerschein**, their knowledge of languages, **Sprachkenntnisse**, and of IT, **EDV-Erfahrung**.

Traditionally information on clubs and hobbies, **Mitgliedschaften und Hobbys**, was not included; however this is seen more often these days. Applicants are advised to restrict themselves to details directly relevant to the application.

Finally, the CV always has to be signed and dated.

Exercise 2

Check through Martina's CV to see how the information listed under **Wissen Sie das schon?** is represented there. Which sections has she left out, and why? Which are arranged differently? Which sections would you include in your own CV?

Zur Sprache ♦

When to use **wann**, **wenn** and **als**

Wann, **wenn** and **als** all translate as 'when' in English, but they are used in different contexts in German.

Wann is only used in questions:

Wann kommen Sie in München an?
When are you going to arrive in Munich?

Wann hatte sie Erziehungsurlaub?
When was she on maternity leave?

Er fragte, *wann* wir nach Hause fahren. (indirect question)
He asked when we were going to go home.

Als is used when referring to single events in the past (when not asking questions):

Wir besuchten sie oft, *als* sie in Frankfurt wohnten.
We often visited them when they lived in Frankfurt.

Als er seinen Militärdienst beendet hatte, machte er eine Ausbildung.
Once he had finished his military service, he did an apprenticeship.

Wenn is used when referring to the present or the future, and to repeated events in the past (it can also mean 'if' or 'whenever'):

Wenn ich viel arbeite, bin ich abends müde.
When/if I work a lot I'm tired in the evening.

Er wird bei uns wohnen, *wenn* er im August seinen EDV-Kurs macht.
He will stay with us when/if he does his computing course in August.

Wenn sie uns besuchten, kamen sie immer mit dem Zug.
Whenever they visited us, they came by train.

Exercise 3

Fill the gaps in the following sentences referring to Martina's CV. Choose either **wann**, **wenn** or **als**.

1 _____ ihre Tochter geboren wurde, begann Martinas Erziehungsurlaub.

2 _____ kamen Martina und ihre Familie nach Recklinghausen?

3 Martina wird bei der Zeitarbeitsfirma aufhören, _____ sie eine neue Stelle findet.

4 _____ hat Martina ihre Ausildung gemacht?

5 _____ sie in Magdeburg wohnte, arbeitete Martina zuerst als Sekretärin und später als Chefassistentin.

6 _____ Martina nicht im Erziehungsurlaub war, hat sie immer gearbeitet.

Exercise 4 **(CD1; 17)**

On the audio recording you will practise using **wann, als** and **wenn** in spoken language and talking about careers. You will often need to use the perfect tense in this exercise.

Exercise 5 **(CD1; 18–19)**

The correct spelling of email and web addresses is important, otherwise your email won't send or you won't find the website. In addition to the alphabet in German you need the following symbols:

@ = at
- = Bindestrich
. = Punkt.

a   Before you listen, work out how you would say and spell the addresses below. Compare your version to the audio recording.

    www.luzern.ch
    fifi444@t-online.ch
    www.mercedes-benz.de
    petra.mueller@rettinger.at
    www.stadttheater-klagenfurt.at

b   Now listen to some more website and email addresses and write down what you hear.

c   Finally, think how you would say your personal email or web addresses, or those that you are likely to spell out to someone, e.g. the website of your home town or your employer. Practise saying them aloud.

Exercise 6

Read Text 2, the covering letter for Martina's application to an import/export company, sent after she spoke to the personnel manager on the telephone.

a   In which order is the following information covered?

    1   why Martina thinks the job would suit her
    2   why she is writing to Frau Eberhardt

3 her present job
4 her career to date

b Answer the question in note form.

1 Wie arbeitet Martina? selbstständig, . . .
2 Wie soll ihre neue Stelle sein? vielseitig, . . .

Text 2

Martina Feldmann
Ferdinand-Lehmann-Str. 17
45657 Recklinghausen
Tel: 02361/1486770

Frau Dr. M. Eberhardt
Personalabteilung
Import-Export Weber
Herner Str. 210
45658 Recklinghausen

Recklinghausen, den 07.02.2010

Betr.: Bewerbung als Chefassistentin

Sehr geehrte Frau Dr Eberhardt,

ich bedanke mich für das informative Telefongespräch. Gerne sende ich Ihnen nun meine Bewerbungsunterlagen.

Kurz zu meinem Werdegang: Nach meiner Ausbildung als Import-/Exportkauffrau bei Computec in Magdeburg blieb ich als Sekretärin bei derselben Firma. Während dieser Zeit machte ich sechs Jahre Erziehungsurlaub und arbeitete dann in derselben Stelle weiter. Danach ging ich zur Firma Gruber GmbH, wo ich die Persönliche Assistentin des Leiters der Exportabteilung war. Ich konnte dort selbstständig arbeiten und hatte viel Verantwortung. Deshalb kündigte ich nur ungern, als mein Mann eine Stelle als Dozent im Bereich Ingenieurwesen an der Fachhochschule Recklinghausen bekam.

Im Moment arbeite ich für die Zeitarbeitsfirma Meyer-Jahn in Gelsenkirchen, u.a. bei der IHK Gelsenkirchen und der Merkur

AG. Ich lerne gerne die verschiedenen Arbeitsbereiche kennen. Meine Kollegen sagen, ich bin flexibel und freundlich und arbeite schnell.

Die Stelle als Chefassistentin bei Import-Export Weber interessiert mich, weil ich eine vielseitige Teilzeitstelle suche. Da wir in Recklinghausen wohnen, ist der Standort Ihrer Firma besonders attraktiv.

Ich freue mich auf ein persönliches Gespräch.

Mit freundlichen Grüßen

Martina Feldmann

Anlagen

Vokabular ♦

das Telefongespräch	phone call
die Bewerbungsunterlagen (pl.)	application documents
der Werdegang	career history
die Verantwortung	responsibility
kündigen	to give notice
der Arbeitsbereich	field/area of work
vielseitig	varied
die Teilzeitstelle	part-time job
der Standort	location
Anlagen (pl.)	Encs.

Wissen Sie das schon?

Job applications

You will have noticed the word **Anlagen** at the end of Martina's letter. This refers to any enclosures sent. There is a fairly standard way to apply for a job. There isn't normally an application form; instead you send an application folder, **Bewerbungsmappe**. In addition to your **Lebenslauf**, it includes copies of all relevant reports, e.g. your school leaving certificate and those of any other courses you have taken. Martina Feldmann would have included her **Abiturzeugnis**, her **Abschlusszeugnis der Berufsschule**, the final report from vocational college, and her Cambridge Proficiency certificate. You are expected to include certified copies of these documents. Instead of supplying referees' names and addresses, you add references from all the jobs you have had to date. As you can imagine, it can be very expensive to prepare such a folder.

Exercise 7

How does this formal letter differ from the informal messages, emails and letters you have seen in previous units? Consider its structure, style and way of addressing people.

Exercise 8

Which of the job adverts in Text 3 do you think suits Martina best? Write a short, formal letter from the advisor at the job centre (Agentur für Arbeit Recklinghausen, Görrestrasse 15, 45655 Recklinghausen), forwarding one advert to Martina and explaining your choice (**Ich denke diese Stelle ist von Interesse für Sie, weil . . .**).

Text 3

Holthausen GmbH

Recklinghausen (City)

Für unseren neuen Standort suchen wir **eine/n Chefsekretär/in** (Vollzeit) mit Fremdsprachkenntnissen (Englisch und Russisch). Wir bieten ein junges Team und eine freundliche Arbeitsatmosphäre.
   Sie haben eine abgeschlossene Ausbildung und mindestens drei Jahre Berufserfahrung und können Ihre Aufgaben selbstständig, flexibel und schnell erfüllen.

Teamleiter/in

Für: Danielle Berg International, Recklinghausen-Süd
Wir suchen: eine/n Teamleiter/in

Wir bieten: ein gutes Gehalt, einen sicheren Arbeitsplatz, Teilzeitarbeit möglich
Wir erwarten: eine abgeschlossene, kaufmännische Ausbildung, eine flexibele, sympathische Person.
Sie können: Mitarbeiter/innen motivieren, pro aktiv arbeiten, Prioritäten setzen.

Vokabular ♦

das Gehalt	salary
abgeschlossen	completed
der Mitarbeiter	colleague
der Arbeitsplatz	place of work; here: job
Vollzeit	full time
mindestens	at least
die Aufgabe	task

Zur Sprache ♦

Job titles

In Exercise 8 you may have noticed the use of male and female job titles. This is widespread in German. The most common way of forming a female job title is adding -in to the male form, which frequently, but not always, ends in -er.

teacher   **Lehrer → Lehrerin**
baker   **Bäcker → Bäckerin**

Sometimes further letters change.

doctor   **Arzt → Ärztin**

If the male form ends in -**mann** the female one changes to -**frau**.

office administrator   **Bürokaufmann → Bürokauffrau**
fire fighter   **Feuerwehrmann → Feuerwehrfrau**

If an adjective is part of the job name, its ending changes.

commercial director   Kaufmännischer → Kaufmännische
                              Leiter   Leiterin

There are a few job titles which don't follow a regular pattern.

nurse   Krankenpfleger → Krankenschwester

Exercise 9

The following table gives male and female forms of jobs, many of which you have come across in this unit. Apply the rules above to work out the missing words.

Female	Male
_____	Import-/Exportkaufmann
Leiterin der Marketingabteilung	_____
_____	Polizist
Dozentin	_____
Bankkauffrau	_____
_____	Persönlicher Assistent
Rechtsanwältin	_____
_____	Koch

Zur Sprache ♦

Imperfect

In German when referring to an event that took place and finished in the past you often use the imperfect tense, particularly in writing.

For *weak verbs*, the imperfect is formed by adding endings to the stem of the verb (stem = infinitive without -en ending); the central vowel does not change.

infinitive: machen	*stem:* mach-
ich mach*te*	wir mach*ten*
du mach*test*	ihr mach*tet*
	Sie mach*ten*
er/sie/es mach*te*	sie mach*ten*

Verbs with a stem ending in -t or -d add an e before the imperfect endings.

arbeiten → arbeit- → ich arbeit-*e-te*

Strong verbs are irregular in the imperfect, as they change the central vowel(s) of the stem. As for the past participle, it is easiest if you learn the relevant form for each new verb. Here are the endings:

infinitive: kommen	*imperfect stem:* kam-
ich kam	wir kam*en*
du kam*st*	ihr kam*t*
	Sie kam*en*
er/sie/es kam	sie kam*en*

There are mixed forms, which have an irregular stem, but add weak endings.

bringen → brach- → ich brachte
müssen → muss- → ich musste

Finally, you can find the imperfect of **sein** and **haben** in the Grammar Summary.

Exercise 10

Go back to Text 2 and find imperfect verb forms for the following infinitives:

weiterarbeiten,   sein,   haben,   kündigen,   bleiben,
bekommen,   gehen,   machen,   können

Decide whether they are weak, strong or mixed verbs.

Exercise 11

Now write a short passage (at least 80 words) about your own studies or work, using language from this unit.

- Give details of your career to date: **Kurz zu meinem Werdegang:**
- If you have not studied the imperfect much before, restrict yourself to weak verbs and those strong verbs for which you have examples in Exercise 10.
- Use expressions from Exercises 3 and 4 to make references of time.
- Describe yourself using expressions from Martina's letter and the job adverts.
- Make sure you use job titles in the correct male/female form.
- Say which job you wish for in the future, and why.

Lerntipp ♦

Learning vocabulary

It is important to select carefully which vocabulary is worth learning. Not all words and phrases you come across will be equally useful to you personally. The list of job titles above, for example, was chosen to illustrate the different grammar points. Only a few words may be relevant to you. It will be sufficient to learn those words appropriate to your own job and the jobs of people close to you, in your family or at work. You may also like to add some common names for jobs.

If you are reading a text, only choose to note words and phrases that are likely to be useful at other times and not only in the context of this particular text. If you have made a list of words to learn from this unit, go through it again and see if you can slim it down.

When making lists, it is also useful to include certain information. Always learn the gender of new nouns.

der Lebenslauf CV

If a verb requires a particular preposition and/or case, learn it at the same time.

kündigen (+ acc.)	to give notice
Ich kündigte meine Stelle.	I gave notice for my job.
sich bewerben bei (+ dat.)	to apply to a company
Ich habe mich bei der Ruhrkohle AG beworben.	I applied to Ruhrkohle AG.

In the last **Zur Sprache** you were advised to learn the forms for strong and mixed verbs. For this, include the infinitive, the imperfect of the **er**-form and the past participle.

gehen, ging, gegangen   to go, he went, gone
rennen, rannte, gerannt   to run, he ran, run

Exercise 12   **(CD1; 20)**

Practise some strong and mixed verb forms with the audio recording.

5   Traditionen und Regionen

In this unit you can learn about:

- national holidays in Germany, Austria and Switzerland
- some regional and cultural festivities
- talking about times and dates
- giving your opinion
- giving reasons
- intonation in sentences
- pronunciation of **f**, **v** and **w**
- understanding cognates

Wissen Sie das schon?

Nationalfeiertage

Like many countries, Germany, Austria and Switzerland all celebrate a national holiday, **Nationalfeiertag**. Since 1990 the unification of Germany is celebrated on 3rd October, **der Tag der Deutschen Einheit**, the day the Unification Treaty was signed. In Austria 26th October is celebrated, recognising the legislation of Austrian neutrality. The Swiss national holiday is on 1st August and it celebrates the Swiss Confederation, **die Schweizerische Eidgenossenschaft**.

Zur Sprache ♦

Talking and writing about dates

Ordinal numbers are numbers such as second, seventh, thirteenth, etc. To form them you add -te to numbers below 20, or -ste if they are over twenty. As in English there are a few exceptions to the pattern: **erste** 'first', **dritte** 'third', **siebte** 'seventh', **achte** 'eighth'.

Heute ist der erste.

1	erste	20	zwanzigste
2	zweite	30	dreißigste
3	dritte	33	dreiunddreißigste
4	vierte	100	hundertste
5	fünfte		
6	sechste		
7	siebte		
8	achte		

You can see the words in full here, but when you write them you would write **heute ist der 2. Mai.** You would say **heute ist der zweite Mai.**

If you want to say you're arriving on the 23rd, you'd say *am* **23.** (**dreiundzwanzigs*ten***). Note here *am* . . . *ten*/*sten*.

Martin kommt am 23. Oktober nach Hause.	Martin is coming home on 23rd October.
Der 23. Oktober ist Martins Geburtstag.	The 23rd October is Martin's birthday.

It is worth simply learning these two different ways of giving the date:

Heute ist der 1. (ers*te*) September.	Today is the first of September.
Jasmin fährt *am* 1. (ers*ten*) September nach Hause.	Jasmin is going home on the first of September.

Exercise 1

Practise using the two different ways of giving dates, **der** _____-te and **am** _____-ten.

1 Welcher Tag ist der schweizer Nationalfeiertag?
2 An welchem Tag ist der schweizer Nationalfeiertag?
3 Wann ist der Tag der Deutschen Einheit?
4 An welchem Tag ist der Tag der Deutschen Einheit?
5 In welchem Land ist der 26. Oktober der Nationalfeiertag?
6 Wann feiert Österreich seinen Nationalfeiertag?

Exercise 2 (CD1; 21)

Now practise talking about dates.

Wissen Sie das schon?

Silvester

New Year's Eve, **Silvester**, is often celebrated with friends and there are many parties. Some are private parties, but there are also many organised events. Celebrations can be lively, loud and boisterous. At midnight it is traditional to drink **Sekt**, sparkling wine, and to let off fireworks. Many people watch an old film in English, 'Dinner for one', which is shown on television every year. **Bleigießen** can be fun – you melt small pieces of metal on a spoon over a flame and then pour the molten metal into water, where it solidifies. The resulting shape represents what will happen in the coming year, e.g. scissors represent difficult decisions and a frog or a pig means you might win the lottery.

Text 1

Silvesterfahrt auf dem Rhein

Aperitif
5-Gang-Gala-Menü
Live-Musik von der Kleinen Big Band
Bordbar

Begrüßen Sie das Neue Jahr im eleganten Ambiente!
Machen Sie eine Silvesterfahrt auf dem Rhein!
Um Mitternacht können alle Gäste das Silvesterfeuerwerk bei Mainz genießen.

Abfahrt:	18.00 Uhr, Trechtingshausen
	19.30 Uhr, Rüdesheim
Eintritt:	pro Person €115

Online-Schiffskartenbestellung: www.lfs.de

Silvesterparty Brandenburger Tor

Berlin lädt ein zur weltweit größten Silvester-Open-Air-Party

Live-Bands, DJs, der berühmte Countdown zum Jahreswechsel und das gigantische Feuerwerk werden hunderttausende von Gästen aus aller Welt zum Brandenburger Tor locken.

Zwei Kilometer Party

Die Festmeile erstreckt sich vom Brandenburger Tor über die Straße des 17. Juni bis hin zur Siegessäule. Zwei Kilometer Party mit vielen Showbühnen, internationalen Stars und Showacts, Laser- und Lichtanimationen, Gastronomie aus aller Welt sowie dem spektakulären Berliner Silvesterfeuerwerk und natürlich nach Mitternacht: die Open-End-Diskothek unter freiem Himmel.

Die Fortsetzung eines Erfolges

Mit Begeisterung feierten zur letzten Jahreswende rund eine Million Menschen ins neue Jahr. Bis in die frühen Morgenstunden hinein herrschte ausgelassene Partystimmung auf der Festmeile zwischen Brandenburger Tor und Siegessäule.

Adapted from http://www.berlinonline.de/leben-und-leute/silvester/events/
brandenburgertor/index.php accessed 17.11.06

Vokabular ◆

das Ambiente	ambience
locken	to attract
die Festmeile	street with party, food and music stands on it
die Siegessäule	victory column: famous monument in Berlin
die Begeisterung	enthusiasm
ausgelassen	lively

Exercise 3

Re-read the two descriptions in Text 1 and find out about two different New Year's Eve celebrations. What information do you find where? Some things aren't mentioned.

	Schifffahrt auf dem Rhein	*Zwei Kilometer Party, Berlin*
Atmosphäre		
Musik	Live-Musik von der Kleinen Big Band	
Essen		
Feuerwerk		
Getränke		
Tanzen		
Eintritt		
Besucher		eine Million Menschen
Zeit		

Zur Sprache ♦

Giving your opinion

There are a few very useful phrases you can use to express your opinion:

ich finde   ich meine
ich glaube   ich denke

You can use these to say 'I think', although **glauben** also means 'to believe', and **meinen** 'to mean'.

You can also say 'I think that':

ich finde, dass   ich meine, dass
ich glaube, dass   ich denke, dass

There is a comma before **dass** when it isn't the first word in a sentence. So think of it as 'comma **dass**', and get in the habit of learning it and writing it as **, dass**. When you use **, dass** you have to remember that the verb goes to the end of the clause. These examples show sentences with and without **, dass**. Please note the position of the verb.

Ich finde, Silvester ist aufregend.
or
Ich finde, dass Silvester aufregend ist.
I think New Year's Eve is exciting.

Ich glaube, die Party auf dem Schiff ist lustiger als die Feier in Berlin.
or
Ich glaube, dass die Party auf dem Schiff lustiger ist, als die Feier in Berlin.
I think (that) the party on the boat will be more fun than the celebration in Berlin.

Ich meine, man kann um Mitternacht ein Feuerwerk sehen.
or
Ich meine, dass man um Mitternacht ein Feuerwerk sehen kann.
I think (that) you can see fireworks at midnight.

If you want to say 'in my opinion' instead, then you can use **meiner Meinung nach**, or **der Meinung sein**.

Meiner Meinung nach ist es im Winter keine gute Idee unter freiem Himmel zu tanzen.

In my opinion it's not a good idea to dance outside in winter.

Meine Eltern sind der Meinung, Silvester feiert man am besten in der Familie.

My parents are of the opinion that New Year's Eve is best celebrated within the family.

Exercise 4

Read the sentences and then turn them into opinions using some of the expressions in the box below.

1 Das Schiff ist der beste Ort für die Silvesterfeier.
2 Berlin bietet eine ausgelassene Stimmung.
3 Zuhause feiern ist immer schön.
4 Es ist zu kalt, um draußen zu feiern.
5 Die Schifffahrt ist eine gute Idee.
6 Die Feier auf dem Rhein ist zu teuer.
7 Das Feuerwerk in Berlin ist das schönste.
8 Auf dem Schiff gibt es besonders gutes Essen.
9 In Berlin findet man etwas für jeden Geschmack.

> ich finde   ich meine   ich glaube   ich denke
> ich bin der Meinung   meiner Meinung nach
> ich finde, dass   ich meine, dass   ich glaube, dass
> ich bin der Meinung, dass

Exercise 5 (CD1; 22)

Practise saying these expressions.

Exercise 6

Now say which of the two **Silvester** celebrations you read about in Text 1 you would like to go to and why. Say why you wouldn't want to go to the other one. Say how you like to celebrate New Year's Eve (write 50–100 words).

Wissen Sie das schon?

Fasnet, Fasching, Karneval

There are different names for the celebrations that traditionally precede lent (**Fastenzeit**). This takes place in predominantly Catholic regions and culminates in celebrations on **Rosenmontag**, the day before Shrove Tuesday. There are balls and dances, and it's quite common to be invited to a fancy-dress party. On **Weiberfastnacht** (women's carnival), women may go up to any man wearing a tie and cut it off. So don't wear your favourite tie that day!

In the Rhineland this festival is known as **Karneval**. There are parades with floats. You may also come across **Büttenredner**, amusing carnival speakers. In Southeast Germany and Austria it's known as **Fasching**. In Southwest Germany **Fasnet** brings the **Narrensprung** – parades through towns and villages of **Narren**, fools, dressed in costumes, **das Häs**, and wearing **Masken**, masks. Some traditions are not specific to any one region, but are typical wherever carnival is celebrated.

Ein Maskenträger

Text 2

Fasnet in Ravensburg bietet Narren Straßenfeste und Bälle

Höhepunkt der Ravensburger Fasnet ist der Große Narrensprung am Rosenmontag, den 7. Februar um 10 Uhr. Dann ziehen mehr als 8 000 Häs- und Maskenträger durch die Ravensburger Altstadt. Es gibt noch andere Termine, die man nicht verpassen sollte.

Neben der Straßenfasnet finden einige Fasnetsbälle statt, z.B. am Samstag, den 22. Januar lädt der Fanfarenzug Tell Ravensburg ab 19 Uhr in die Festhalle Weißenau zu ihrer Fasnetsveranstaltung.

Am Freitag, den 28. Januar gibt es um 20 Uhr in der Schussenhalle Oberzell den Fanfarenball mit der Partyband „Midnight Special", die für genügend Fasnetsstimmung sorgt.

Für die kleinen Narren verspricht der Kinderball in der Festhalle Weißenau am Samstag, den 5. Februar von 14 bis 18 Uhr sowie am Montag, den 7. Februar zur selben Zeit viel Spaß.

Adapted from http://www.ravensburg.de/3869_3852.htm accessed 23.7.07

Vokabular ♦

Häs- und Maskenträger	people wearing costumes and masks
stattfinden	to take place
die Straßenfasnet	carnival celebrations in the streets
die Fasnetsveranstaltung	carnival event

Exercise 7

a   Re-read Text 2 and find out what the times and dates relate to.

Wann?	*Was?*
22. Januar, 19.00	
28. Januar, 20.00	
5. Februar, 14–18.00	
7. Februar, 10.00	
7. Februar, 14–18.00	

b   Now write this information out in full sentences. The details in the table show you how you can use a range of different expressions when giving information of this sort.

Am ___ Am Montag den ___ Am ___ den ___	um ___.00 um ___ Uhr von ___ bis ___.00 von ___ bis ___ Uhr	findet ___ gibt es ___ kann man zum/zur ___ kann man ___	statt. gehen. sehen.

Zur Sprache ◆

Giving times

Please note the different ways you can give the time. This can be written in three different ways, 20.00, 20.00 Uhr and 20 Uhr, but is always said as **zwanzig Uhr**.

Lerntipp ◆

Using cognates to help you read

When you read in German you may find that some words are very similar to English ones (cognates). These cognates can help you to understand the meaning of what you are reading. When you read a text which contains quite a lot of cognates, it is really helpful to make use of this resource to understand what the text is about, before focusing in a bit more detail on its content.

Text 3

Diyalog-TheaterFest

In Kreuzberg findet gerade das 11. „Diyalog-TheaterFest" des gleichnamigen deutsch-türkischen Theaters statt. Das Theater besteht seit 23 Jahren in Berlin.

Die zentrale Absicht des TheaterFestes ist, die unterschiedlichen Kulturen durch die Kunst zusammenzubringen, die Möglichkeit zu schaffen, das Lebensgefühl, die Nöte, aber auch den Schönheitssinn anderer Kulturen zu begreifen, die gegenseitigen Einflüsse zu entdecken, und sich inspirieren zu lassen von ungewohnten Sichtweisen.

Den Besucher erwartet auch dieses Jahr ein buntes, vielseitiges, mehrsprachiges, freundliches und „diyalogisches" TheaterFest. Ein Festival, das eigentlich kein Festival ist, wie man es üblicherweise so kennt: sowohl Amateure wie auch professionelle Gruppen sind dabei. Diese Mischung ist nicht nur für die auftretenden Gruppen interessant. Auch die Zusammensetzung der Zuschauer schafft neue Freundschaften. Das ist eines der Ziele des Diyalog-Theaterfestivals.

Nach der Eröffnung des Festivals geht es mit Gastspielen aus Rumänien, Sansibar, den Niederlanden und Deutschland weiter. Das Festival endet mit dem Konzert der Rock Band „mor ve ötesi" aus Istanbul mit Songs gegen Krieg oder Folter und für Frauenrechte.

Adapted from http://www.berlinonline.de/leben-und-leute/events/diyalog/index.php accessed 17.11.06

Vokabular ♦

gleichnamig	of the same name
bestehen	to exist
die Absicht	intention
die Nöte	here: difficulties
der Schönheitssinn	sense of beauty or aesthetics
die gegenseitigen Einflüsse	mutual influences
ungewohnte Sichtweisen	unusual points of view
üblicherweise	normally
der Zuschauer	member of the audience
eines der Ziele	one of the aims
der Krieg	war
die Folter	torture

Exercise 8

a Which words in the text are very similar to English ones? Make a list of them.

b Having focused on some of the vocabulary in the text, note down in English in two or three sentences what you think is the gist of Text 3.

Zur Sprache ◆

Giving and justifying reasons

Denn and **weil** can often be used interchangeably. They both mean 'because'. You need a comma before both conjunctions. With **weil** the verb goes to the end of the clause, whereas with **denn** the word order doesn't change.

> **Ich gehe morgen Abend ins Theater, weil ich das Theaterstück unbedingt sehen *will*.**
> I'm going to the theatre tomorrow evening, because I really want to see the play.

> **Wir besuchen das Theaterfestival dieses Jahr, denn es *war* letztes Jahr gut.**
> We're going to the theatre festival this year, because it was good last year.

There are other words and phrases you can use to vary your language, and improve your linguistic range. **Deshalb, deswegen** and **von daher** all mean 'therefore/for that reason/that's why'. **Aus diesem Grund** means 'for this reason'. One thing to note here is word order. These are all adverbs or adverbial phrases, and after them there is inversion of the verb and the subject.

> **Die zentrale Absicht des TheaterFestes ist, die unterschiedlichen Kulturen durch die Kunst zusammenzubringen, *deshalb* kommen Künstler aus verschiedenen Ländern.**
> The main aim of the theatre festival is to bring cultures together through art, that's why artists are coming from different countries.

Das Diyalog-TheaterFest ist anders als viele Theaterfestivals, *aus diesem Grund* spielen sowohl Amateure als auch professionelle Spieler.
The Diyalog-TheaterFest differs from many theatre festivals, and for this reason amateurs as well as professionals take part.

Die Mischung von Leuten ist für Spieler und Zuschauer interessant, *daher* werden neue Freundschaften geschaffen.
The mixture of people is interesting for performers and the audience; as a result of this new friendships are formed.

Exercise 9

Link the sentences using the word or phrase in brackets to form a single sentence. Remember to focus on the position of the verb in the second clause.

1   Das TheaterFest findet in Kreuzberg in Berlin statt. Dort wohnen viele Menschen türkischer Abstammung. (weil)
2   Man will sich von ungewohnten Sichtweisen inspirieren lassen. Ein Ziel des Theaters ist es Kulturen zusammenzubringen. (aus diesem Grund)
3   Viele Künstler kommen aus unterschiedlichen Ländern. Es wird ein buntes, vielseitiges, mehrsprachiges Fest. (daher)
4   Es gibt eine Mischung von Amateuren und professionellen Gruppen. Das wird für Künstler und Zuschauer interessant. (deshalb)
5   Die Mischung von verschiedenen Leuten ist wichtig. Das ist ein Ziel des Festivals. (denn)
6   Das Festival endet mit Liedern gegen Probleme in der Welt. Das Festival soll einem Spaß machen, aber auch zum Nachdenken bringen. (weil)

Exercise 10 (CD1; 23–24)

Listen to this short dialogue discussing a visit to Berlin. Listen carefully to how the letters **f**, **v** and **w** are said. There are three letters, but only two sounds, **f** and **v**. Listen and underline all **f** sounds and circle all **v** sounds, then practise the sounds using the audio recording.

A   Ich fahre dieses Jahr nach Berlin. Was ist besser, sollte ich im Winter oder im Frühjahr fahren?

B Fahr doch im Winter. Du kannst Silvester dort verbringen. Du kannst Silvester auf der Festmeile vor dem Brandenburger Tor feiern. Es kommen viele Leute aus aller Welt. Das Feuerwerk zum Jahreswechsel ist weltweit berühmt. Die Feier wird bestimmt unvergesslich.

A Ja, vielleicht, aber im Frühjahr wäre es für mich vielleicht einfacher.

B Ok, da findet ein Festival statt, ein Theaterfestival.

A Weißt du mehr darüber?

B Ja, das Festival ist immer ein Erfolg. Das Festival ist vielseitig und freundlich. Das wäre etwas für dich.

A Ja, vielleicht will ich dahin, zum Festival im Frühjahr.

Exercise 11

Which of the festivals you've read about here have you found most interesting?

Write a letter in German telling a friend about one of them. Aim to write at least 100 words.

- Tell your friend you've read about this festival
- describe some details of what happens
- say what you think about it and give reasons for your opinion
- ask your friend what he/she thinks about the festival
- start and end the letter appropriately.

6 Familienfeste

In this unit you can learn about:

▶ how people mark births, deaths and marriages
▶ German Christmas traditions
▶ writing and responding to invitations
▶ offering good wishes
▶ expressing joy and sadness
▶ using the dative
▶ adjective endings
▶ -ch sounds

Vokabular ◆

geb. (geboren)	born
gest. (gestorben)	died
die Trauer	mourning

Text 1

1

Zu unserer Hochzeit seid ihr herzlich eingeladen
am 12. April um 14.00
in der Pauluskirche, Recklinghausen-Nord
Dagmar und Philip

anschließend zur Feier in der Gaststätte „Zum Bären", Bergische Landstr. 9,
45667 Recklinghausen

2

In Liebe und Dankbarkeit nehmen wir Abschied von unserer lieben Mutter, Schwiegermutter, Schwester, Oma und Tante.

Lore Widmann geb. Eckard

geb. 31.6.1920   gest. 5.7.2009

In stiller Trauer
Regula Heferle geb. Widmann
und Ehemann Theo Heferle
Gerd Widman und Familie
Wolfram Eckard und Familie

Münster, im Juli 2009

3

Nadine und Felix
Wir haben uns verlobt und möchten die Verlobung mit euch
   am 16. Oktober ab 19 Uhr bei uns zu Hause feiern
Bitte kommt.

4

Verena Gabriela Zernack
geb. am 30. Februar um 2.35 Uhr
4950 g
56 cm
Wir freuen uns darauf, Verena durch die ersten Lebensjahre
   zu begleiten.
Clara Zernack und Ferdinand Ernst

Exercise 1

a   Look at Text 1 and say briefly what each of the cards 1–4 is announcing.
b   Underline the words and phrases relating to invitations or inviting people.

Wissen Sie das schon?

Annoncen und Einladungen

In order to inform people about significant events in family life, you can put an announcement in the local newspaper. Many people do this for events like births, deaths and marriages. It is also typical to send cards to friends and family. You can send a **Geburtsanzeige** on the birth of a child and a **Todesanzeige** letting people know somebody has died. You send invitations to a wedding, **Hochzeit**, perhaps to an engagement party, **Verlobungsfeier**, or to a **Taufe**, a baptism. Many people would have a party for a **runder Geburtstag** to celebrate their 40th, 50th, 60th, etc. birthday.

Exercise 2

Which of these letters and replies could be written to which card in Text 1?

a

Toll! Super! Wie aufregend, dass ihr verlobt seid. Ich bin sehr glücklich darüber und freue mich riesig für euch. Ja, selbstverständlich komme ich gerne zu eurem Fest. Vielen Dank für die Einladung.

b

Herzlichen Dank für die Einladung zu Ihrer Hochzeit am 12. April. Leider können wir nicht kommen, weil wir den ganzen April über in Australien sind. Wir wünschen Ihnen alles Gute und sind sicher, dass Sie einen wunderschönen Tag verbringen werden.

c

Wir freuen uns mit euch über die Geburt eurer Tochter Verena und wünschen euch viele glückliche, gemeinsame Jahre.

d

> *Wir waren sehr traurig zu lesen, dass Ihre Mutter kürzlich verstorben ist.*
> *Herzliches Beileid*
> *Familie Meyer-Ohms*

Exercise 3

Look again at Text 1 and also the letters and replies in Exercise 2. Make a list under the headings below of words and expressions that you find.

* Congratulations
* Thanking
* Accepting
* Declining
* Sadness
* Joy

Zur Sprache ♦

Offering invitations

You've just seen some invitations. Here are some useful expressions you might come across.

Einladung	invitation
Ich lade dich/euch/Sie zu ... ein.	I invite you to ...

Note the verb is **einladen** and that it is a separable verb.

Komm/Kommt/Kommen Sie zu ...	Come to ...
Ich würde mich sehr freuen, wenn du/ihr/Sie zu ... kämen.	I would be very happy if you came to ...
Wir würden uns sehr freuen, wenn ...	We would be very happy if ...

Thanking someone for an invitation

There are a few different ways of thanking someone for something.

Ich danke dir/euch/Ihnen für die
Einladung.

Thank you for the invitation.

The verb **danken** always takes the dative for the person you are thanking. The dative pronouns **dir/euch/Ihnen** are shown here. Alternatively you could say:

Vielen Dank für die freundliche
Einladung.
Wir haben uns über die Einladung
zu ... gefreut.

Many thanks for the kind
invitation.
We were pleased by the
invitation to ...

Accepting an invitation

Wir nehmen eure Einladung
gerne an.
Wir kommen gerne zu ...
Ich möchte auf jeden Fall zu ...
kommen.

We're happy to accept your
invitation.
We'd like to come to ...
I'd definitely like to come
to ...

Declining an invitation

Leider kann ich nicht zu ...
kommen.
Leider habe ich am ... keine Zeit.

Es tut mir Leid, aber ich kann
nicht zu ... kommen.
Es tut mir Leid, dass ich nicht zu
dein-/eur-/Ihr- ... kommen
kann.

Unfortunately I can't come
to ...
Unfortunately I'm not free
on ...
I'm sorry, but I can't come
to ...
I'm sorry that I can't come
to your ...

Exercise 4 (CD1; 25)

Practise accepting and declining invitations.

Exercise 5

Christmas tends to be celebrated within the family rather than with friends. Match the celebrations to the dates.

1	4. Sonntag vor dem 24. Dezember	a	1. Weihnachtstag
2	6. Dezember	b	Heiligabend
3	24. Dezember	c	Nikolaustag
4	25. Dezember	d	1. Advent
5	26. Dezember	e	2. Weihnachtstag

Text 2

Die Weihnachtszeit

Zur Adventszeit sind die Straßen der Städte hell beleuchtet. Überall hängen Lichterketten und bunter Schmuck. Und aus vielen Küchen kommt ein schöner Duft. Die Menschen fangen an, **Weihnachtsplätzchen** und besondere Weihnachtskuchen zu backen.

Viele Kinder haben auch einen **Adventskalender**. In vielen Wohnungen findet man in diesen Wochen einen **Adventskranz**, aus grünen Tannenästen gebunden. Auf ihm stecken vier Kerzen. An jedem Sonntag im Advent wird eine neue Kerze angezündet. Wenn alle vier Kerzen brennen, dann ist es bald Weihnachten. Dazu singen die Kinder:

> „Advent, Advent, ein Lichtlein brennt,
> erst eins, dann zwei, dann drei, dann vier;
> dann steht das Christkind vor der Tür."

Am 6. Dezember feiert man in Deutschland den **Nikolaustag**. Schon am Vorabend stellen die Mädchen und Jungen ihre Stiefel und

Schuhe vor die Türe. Sie möchten, dass der Nikolaus sie mit Süßigkeiten und Obst füllt. Abends kommt dann auch manchmal der Nikolaus, angezogen mit einem weiten Mantel und einer Bischofsmütze, selber ins Haus, oder er geht durch die Stadt.

Erst im vorigen Jahrhundert kam die Tradition vom „Weihnachtsmann" auf, der die **Weihnachtsgeschenke** bringt. Dieser kommt ursprünglich aus Amerika, wo er „Santa Claus" genannt wird. In vielen Gegenden Deutschlands, besonders im Süden, werden die Geschenke an Weihnachten aber vom „Christkind" gebracht. Seit dem 16. Jahrhundert gibt es diesen Brauch. Das Christkind schickte damals einen Beutel mit fünf Dingen ins Haus: Spielzeug, Süßigkeiten, einem Geldstück, einem Kleidungsstück und Sachen für die Schule.

Im Mittelpunkt steht heute ein **Tannenbaum** mit leuchtenden Kerzen und bunten Kugeln. Er wird meistens erst am Heiligen Abend geschmückt. Kein anderer deutscher Brauch hat in der Welt eine solche Verbreitung gefunden.

Der Abend vor dem Weihnachtstag ist der **Heilige Abend** (24.12). Viele Menschen gehen an diesem Abend zum Gottesdienst in die Kirche. Dort singt man Lieder und hört die Weihnachtsgeschichte aus der Bibel.

Nach dem Gottesdienst werden in der Familie noch einmal Weihnachtslieder gesungen und es ist Zeit für die Geschenke. Das Verteilen der Geschenke, die sogenannte **„Bescherung"**, gehört zu Weihnachten. Darauf haben sich alle gefreut, am meisten aber die Kinder.

Abgeschlossen wird der Heilige Abend oft mit einem gemeinsamen Essen, aber am **Weihnachtstag** (25.12) geht das Feiern dann weiter. Es gibt etwas besonders Gutes zu essen, häufig Karpfen, Gans oder einen leckeren Braten und selbst gebackenen Kuchen. Zu diesem Fest kommt dann auch jeder aus der Familie, der auswärts wohnt und der eben kommen kann. Weihnachten ist ein Familienfest.

Adapted from http://www.derweg.org/mwbrauch/weihnach.htm accessed 14.11.08

Vokabular ♦

die Tannenäste	fir twigs
die bunten Kugeln (pl.)	brightly coloured baubles
der Gottesdienst	church service
die Bescherung	giving and receiving of presents
der Karpfen	carp
die Gans	goose

Weihnachtsmarkt in Augsburg

Exercise 6

Re-read Text 2 and answer the questions.

1 Nennen Sie drei Adventsbräuche, die man bei Leuten zu Hause finden kann.
2 Was passiert am Nikolaustag?
3 Wann bekommt man Weihnachtsgeschenke und wer bringt sie?
4 An welchem Tag gibt es das traditionelle Weihnachtsessen und was gibt es zu essen?
5 Wer kommt zu Weihnachten zu Besuch?

Zur Sprache ♦

Dative

You have already learnt about the dative with prepositions. You also use the dative frequently with certain verbs: **geben, schenken, schreiben, sagen**. For example, if you are giving a present, then you use the dative case for the person *to whom* you are giving something.

Ich schenke *dir* einen grünen Seidenrock.	I'm giving you a green silk skirt.

dir is in the dative case because it's being given 'to you'. This is an example of an indirect object and the dative is used with indirect objects.

Wem **gibst du die Blumen? Ich gebe** *meiner* **Großmutter die Blumen.** To whom are you giving the flowers?/Who are you giving the flowers to? I'm giving the flowers to my grandmother.

There are two examples of the dative here. **Wem** 'to whom' and **meiner Großmutter** 'to my grandmother' are both in the dative. If you can say 'to him', 'to her', 'to us' ... then this is frequently in the dative.

Ich sage *ihm* immer wieder ...	I repeatedly say to him ...
Wir schenken *ihr* einen Gutschein von einem Blumengeschäft.	We're giving her a voucher from a flower shop.
Oma bringt *uns* Süßigkeiten mit.	Grandma brings us sweets.
Jetzt schreibe ich *dir* einen Brief.	I'm writing you a letter now.

You can find a full list of dative pronouns in the Grammar Summary.

Exercise 7

Change the sentences by using dative pronouns.

Beispiel: **Mein Mann schreibt seinen Eltern einen Brief.** (them)
Mein Mann schreibt *ihnen* **einen Brief.**

1 Ich möchte Mario einen Pullover schenken. (him)
2 Soll ich meiner Freundin Blumen schicken? (her)
3 Meine Schwester sollte unseren Eltern einen Gutschein von der Gärtnerei geben. (them)

4 Bringst du Martina und mir an Silvester eine Flasche Sekt mit? (us)
5 Ich schreibe meinen Verwandten eine Weihnachtskarte. (them)
6 Mein Bruder und seine Frau schenken ihren Kindern Fahrräder
zu Weihnachten. (them)

Exercise 8   ))ᕲ   **(CD1; 26)**

Listen to a well-known Christmas carol. Use it to work on your
pronunciation.

Text 3

Wie feiern Nicht-Christen Weihnachten?
Wie feiern Menschen anderer Glaubensrichtungen?
Ein deutsch-türkischer Journalist erzählt.

von Hassan Zaman

Wie unterscheidet sich Heiligabend von anderen Tagen für mich
als Muslem? Nicht so sehr, außer dass man oft frei hat. Wenn viele
Familien in der Adventszeit kaufen, basteln und einpacken, findet
das in anderen Familien nicht statt. Was machen wir als deutsche
Türken? Diese Frage wird mir immer wieder von Freunden gestellt.

Also, bei uns war es so, dass mein Vater in einer Wirtschaft
angestellt war und somit auch an Weihnachten arbeiten musste. Als
Kind habe ich die Vorfreude in der Adventszeit genossen, obwohl
wir Weihnachten nicht feierten. Wir hatten natürlich keinen Christbaum
in der Wohnung. Meine Mutter schmückte aber jedes Jahr für uns
den Gummibaum im Wohnzimmer mit Kugeln und Lichtern. So sieht
man, wie sich die Kulturen und Traditionen mischten.

Die Bedeutung vom Weihnachtsfest habe ich nicht zu Hause
gelernt, sondern in der Schule. Dort habe ich auch von den Bräuchen
gelernt. Ich fühlte mich nicht ausgeschlossen, denn in der Schule
habe auch ich gesungen, gebastelt und die Vorfreude erlebt. Ich
habe das schön gefunden, aber wirklich bedeutet hat es mir nichts,
da ich den religiösen Hintergrund nicht hatte. Das heißt nicht, dass
Weihnachten nicht Teil meiner Kultur ist, nur das es mir nicht das
Gleiche bedeutet wie vielen anderen. Ich wünsche allen auf jeden
Fall ein paar friedliche Tage.

Vokabular ♦

die Wirtschaft	pub/restaurant
die Vorfreude	anticipation
sich ausgeschlossen fühlen	to feel excluded

Eine Kugel

Exercise 9

a In which order do the following topics appear in Text 3?

1 die Erfahrungen in der Schule
2 der geschmückte Baum im Wohnzimmer
3 gute Wünsche
4 die Frage, wie Deutsch–Türken Weihnachten feiern
5 die Arbeit des Vaters

b Find words and expressions in Text 3 which mean the same as these.

1 kaum
2 in einer Gaststätte
3 Abwarten in der Adventszeit
4 Weihnachtsbaum
5 Bräuche
6 Glaubenshintergrund

Exercise 10 (CD1; 27)

Take part in two dialogues with people talking about childhood experiences of Christmas.

Zur Sprache ♦

Adjective endings

If the adjective comes before the noun then it takes an ending. Look at these examples of masculine nouns.

der groß*e* Weihnachtsbaum (nominative)	the big Christmas tree
Die Kinder basteln einen besonders schön*en* Adventskranz. (accusative)	The children are making an especially nice advent wreath.
Mit groß*em* Kopf sieht der Schneemann gut aus. (dative)	The snowman looks good with a large head.
Die alt*en* Traditionen und Bräuche sind uns wichtig. (plural nominative)	The old traditions are important to us.

The ending depends on the gender of the noun, its case and whether it is used in the singular or plural. The ending may differ if there is a definite article, an indefinite article or no article. The tables in the Grammar Summary show what ending is needed.

An adjective doesn't have an ending in a simple sentence when it comes after the verb.

Der Weihnachtsbaum ist groß.   The Christmas tree is big.

Exercise 11

Fill in the gaps to show what the articles and adjective endings should be. You may need to know the gender of the noun and the case it is in.

1 Ich schenke dir ein___ grün___ Seidenrock.
2 Wir nehmen Abschied von unser___ lieb___ Vater.

3 Vielen Dank für d__ freundlich__ Einladung.

4 D__ erst__ Sonntag nach dem 26. November ist der Anfang der Adventszeit.

5 Der Adventskranz ist ein__ beliebt__ Begleiter durch die Adventszeit.

6 Kinder stellen ihr__ geputzt__ Schuhe oder Stiefel vor die Schlafzimmertür.

7 Am 25. Dezember gibt es ein__ groß__, üppig__ Essen.

8 Wir wollen unser Kind durch d__ erst__ Lebensjahre begleiten.

Exercise 12

Write a letter to German friends (150–250 words). Mention some traditions you've learnt about in this unit, your memories of how you celebrated Christmas or other festivals as a child. Use a range of adjectives to give colour to your writing. Start and end your letter appropriately.

7 Alltag

In this unit you can learn about:

▶ leisure time in German-speaking countries
▶ giving information about your daily life
▶ understanding and conveying statistical information
▶ verbs with prepositions
▶ infinitives with and without **zu**
▶ email messages
▶ how to pronounce **z** in German
▶ how to improve your pronunciation

Exercise 1

Read Text 1 from the Austrian newspaper *Der Standard* and find out what leisure activities are popular in Austria. Make a list of all activities mentioned.

Text 1

Vor dem TV-Kastl ist der Österreicher liebster Platz

Laut einer Market-Umfrage verbringen 82 Prozent der Österreicher ihre arbeitsfreie Zeit am liebsten vor dem Fernseher.

Ein Blick auf die weiteren Ergebnisse der Umfrage rückt aber das Bild der bewegungsarmen Channel-Switcher auf dem Sofa in ein etwas besseres Licht. Trotz der starken Präferenzen für das Gemütlichmachen vor der Glotze lassen sich – so die Studie – die Österreicherinnen und Österreicher nicht auf den Typus des Couch-Potatoes reduzieren.

Die drei nachfolgenden Angaben in der Hitliste zeigen auch einen Trend zur Aktivität: 72 Prozent nannten „mit Freunden etwas unternehmen", 71 Prozent „essen gehen" und 69 Prozent „spazieren gehen und wandern". Ebenso viele lesen in der Freizeit gerne Zeitungen oder Illustrierte. Top im Freizeitranking sind auch „Shoppen", „Radio hören", „Faulenzen" und „Ausschlafen". Eine geschlechtsspezifische Betrachtung der Market-Studie bestätigt vorhandene Rollenklischees: Frauen gehen in ihrer Freizeit lieber einkaufen, verbringen mehr Zeit mit Körperpflege und telefonieren häufiger, während Männer lieber basteln, Auto fahren, vor dem Computer sitzen oder aktiv oder passiv Sport treiben.

Adapted from http://www.market.at/press/index.php/action.view/entity.press_detail/key.201/?PHPSESSID=aa447a38bb6f1729eab5ee0f35de28d0 accessed 17.7.07

Vokabular ◆

die Umfrage	survey
etwas in ein besseres Licht rücken	to give a better impression of something
das Gemütlichmachen	making oneself comfortable
die Glotze	colloquial for television
die nachfolgenden Angaben	the following responses
mit Freunden etwas unternehmen	to do something with friends
eine geschlechtsspezifische Betrachtung	here: gender-specific evaluation
bestätigen	to confirm
vorhanden	existing
basteln	here: to make things; also: to do handicrafts

Zur Sprache ◆

Infinitives as nouns

You will have noticed that some infinitives in Text 1 were written with a capital, e.g.

Shoppen	shopping
Faulenzen	lazing around
Ausschlafen	sleeping in

The capital shows that they are used as nouns here. The gender of such words is always neuter, **das Shoppen.**

Exercise 2

Answer the following questions with information from Text 1.

1 Womit verbringen 82 Prozent der Österreicher ihre Freizeit?
2 Worauf lassen sich die Österreicher nicht reduzieren?
3 Was für einen Trend zeigen Platz 2, 3 und 4 der Hitliste?
4 Mit wem gehen Österreicher gerne essen?
5 Wodurch werden Rollenklischees bestätigt?
6 Womit beschäftigen sich die Frauen lieber?
7 Wofür interessieren sich die Männer eher?

Zur Sprache ♦

Verbs with prepositions

In German there are many expressions which consist of a verb with a preposition. It is a good idea to learn the whole expression (verb, preposition and required case).
The commonly used expressions from Exercise 2 are:

sich interessieren für (+ acc.)	to be interested in
sich beschäftigen mit (+ dat.)	to occupy oneself with
Zeit verbringen mit (+ dat.)	to spend time doing something

Other common combinations are:

sich freuen auf (+ acc.)	to look forward to
sich kümmern um (+ acc.)	to take care of
sich erinnern an (+ acc.)	to remember something/someone
denken an (+ acc.)	to think of
spechen über (+ acc.)	to talk about
telefonieren mit (+ dat.)	to phone someone

As you can see in Exercise 2, the preposition can be combined with **wo-** to form a question word asking for a thing or activity. If the preposition starts with a vowel, **r** is inserted, **auf – worauf**. This rule does not apply if you are referring to a person (see Exercise 2, question 4).

Wofür interessieren Sie sich?	*What* are you interested *in?*
Ich interessiere mich für Fussball.	I am interested in football.
Warum?	Why?
Ich interessiere mich *dafür*, weil ich selber gerne Sport treibe.	I am interested *in this*, because I like doing sports.

Note that where in English you would say 'for this', 'about this', 'over this', etc, in German you make a construct out of **da(r)** + the preposition required by the verb, e.g. **dafür, damit, darüber.**

Exercise 3

Write the questions that would have elicited the following answers.

1 Yasmin interessiert sich besonders für schnelle Autos.
2 Kilian freut sich in diesem Sommer sehr auf den Besuch seiner Großeltern.
3 Der Großvater spricht mit seinen Enkeln gerne über seine Kindheit.
4 Die Kinder kümmern sich täglich um ihre Haustiere.
5 Ich verbringe viel Zeit mit Gartenarbeit.
6 Sven beschäftigt sich mindestens einmal in der Woche mit seiner Briefmarkensammlung.
7 Wenn ich an meine Kindheit denke, erinnere ich mich gerne an unsere Urlaube in den Alpen.

Exercise 4 (CD2; 1)

a Write answers about your own life.

1 Wofür interessieren Sie sich besonders? Warum?
2 Wenn Sie an den nächsten Sommer denken, worauf freuen Sie sich besonders? Warum?
3 Worüber sprechen Sie gerne mit Ihren Freunden? Warum?

4 Worum kümmern Sie sich täglich? Warum?
5 Womit verbringen Sie viel Zeit? Warum?
6 Womit beschäftigen Sie sich mindestens einmal in der Woche? Warum?
7 Woran erinnern Sie sich gerne, wenn Sie an Ihre Kindheit denken? Warum?

b Now answer the questions on the recording using your ideas from part a. Try to do this from memory.

Exercise 5  **(CD2; 2)**

Use the recording to practise asking questions using question words with **wo-** and **da-**.

Lerntipp ♦

Improving your pronunciation

Whilst it's important to learn to speak confidently, good pronunciation helps people to concentrate on what you are saying. Listening to German recordings, radio, music or television allows you to absorb authentic spoken German. It also helps to focus on particular features such as certain sounds or intonation patterns, or to repeat words and sentences, paying particular attention to these elements. This course offers a number of exercises to help here, but you can design your own, too. Either use the course audio extracts or make recordings yourself from the radio or the internet. If possible use the pause button to listen to a piece sentence by sentence. Repeat each sentence, imitating how it was said. Reading the transcripts of the audio extracts whilst listening to them will help you to improve your speed, too.

Text 2

Sport und Spiel

Über 25 Millionen Deutsche sind in Sportvereinen aktiv.
Die beliebtesten Vereinssportarten

	Mitgliederzahl	Frauen-anteil
Fußball	6 272 800	14%
Turnen	5 084 610	70
Tennis	1 767 230	41
Sportschießen	1 529 540	23
Leichtathletik	885 340	49
Handball	826 620	38
Reiten	761 290	71
Angeln	669 160	4
Tischtennis	665 140	23
Ski	660 380	44
Schwimmen	610 110	52
Volleyball	501 680	52
Golf	456 800	39
Badminton	214 670	41
Tanzsport	206 600	65
Judo	200 300	30
Basketball	199 030	26
Segeln	189 530	25%

© 2001–2007 Globus Infografik GmbH

Vokabular ♦

das Sportschießen (pl.)   here: shooting
das Angeln   fishing

Exercise 6

Look at the graph in Text 2 and match the sentence halves in the following table. This will result in a text supplementing the graph, providing statistics on sports played in clubs in Germany. Can you see patterns that differ from those in your country?

Beispiel: 1d   **In Deutschlands fast 90 000 Turn- und
Sportvereinen treiben nach Angaben des Deutschen
Sportbunds über 25 Millionen Mitglieder Sport.**

1 In Deutschlands fast 90 000 Turn- und Sportvereinen treiben ...	a ... finden sich in den Fußballclubs zusammen.
2 Die meisten Mitglieder, knapp 6,3 Millionen Fans, ...	b ... fürs Angeln.
3 Nur 14 Prozent der 6,3 Millionen Fußballfans ...	c ... wie Reiten oder Turnen.
4 Frauen bevorzugen anmutigere Sportarten ...	d ... nach Angaben des Deutschen Sportbunds über 25 Millionen Mitglieder Sport.
5 Von den 5,1 Millionen Mitgliedern der Turnvereine ...	e ... die Reitvereine mit 71 Prozent.
6 Einen noch höheren Frauenanteil haben ...	f ... knapp über vier Prozent.
7 Fast ausschließlich Männer interessieren sich ...	g ... sind Frauen.
8 Der Frauenanteil bei den Sportfischern beträgt ...	h ... sind 70 Prozent weiblich.

Vokabular ♦

anmutig graceful
weiblich female

Exercise 7   **(CD2; 3)**

a Refer to Text 2 to practise saying numbers in German by answering the questions on the recording.
b Listen to the recording again and write down the expressions used to talk about doing different sports. They follow five different patterns. Fill in the table accordingly. Can you think of any more?

... *treiben*	... *machen*	... *spielen*	... *fahren*	*individual verbs*

Zur Sprache ♦

Über Statistiken sprechen oder schreiben

Here are some useful expressions you can use to discuss statistical information.

einen hohen/einen höheren/den höchsten Frauenanteil haben
to have a high/a higher/the highest proportion of women

einen niedrigen/einen niedrigeren/den niedrigsten Männeranteil haben
to have a low/a lower/the lowest proportion of men

beinahe/fast 100.000
almost 100,000

(knapp) über/unter 70%
(just) over/under 70%

nach Angaben des Deutschen Sportbundes (genitive)/**vom Deutschen Sportbund** (dative)
according to the German Confederation of Sports clubs

die meisten/wenigsten Mitglieder
the most/fewest members

(noch) höher/niedriger
(even) higher/lower

25% davon sind weiblich/männlich
25% of these are female/male

genauso hoch/niedrig/viel/wenig wie
as high/low/many/few as

Exercise 8

Use the vocabulary above to translate sentences about Text 2 into German.

1 Just over 200,000 Germans do judo.
2 According to the graph, fishing has the lowest proportion of women.
3 Almost as many men as women play volleyball.
4 Just under 50% of the almost 900,000 athletics fans are women.
5 According to the **Deutscher Sportbund**, sailing clubs have the fewest members.
6 Only 35% of members in dance clubs are male.

Wissen Sie das schon?

Vereine

A **Sportverein** is the most common place where people play sports in Germany. These clubs can be limited to one particular sport, **Sportart**, e.g. **Fußballverein, Tennisklub,** but more frequently they offer a whole range of sports from which people can choose once they have paid the membership fee. Clubs cover competitive sports, **Leistungssport**, as well as non-competitive sports, **Breitensport**. The latter has the aim of keeping the public in good physical shape. Other popular clubs which may have a social rather than sport focus are **Kegelklub**, in which members meet regularly to play skittles, or a choral society, **Gesangsverein**.

Zur Sprache ♦

Infinitive with **zu**

You are already familiar with German sentences that have more than one verb. In these, the second verb is located at the end of the sentence. After the modal verbs (**können, wollen, müssen, sollen, dürfen, mögen**) you simply use the infinitive to complete the sentence.

Wir wollen wieder mehr Sport *treiben.*	We want to do more sports again.

However, after other verbs you have to insert **zu** in front of the infinitive.

Sie hat entschieden, Vereinsmitglied *zu werden.*	She decided to become a club member.
Es macht ihnen Spaß, oft gemeinsam *zu segeln.*	They enjoy sailing together frequently.
Es gefällt mir, in den Bergen *zu wandern.*	I enjoy walking in the mountains.

In compound verbs or phrases **zu** is inserted between the two parts.

Heutzutage hat sie wenig Zeit, *Handball zu spielen.*	These days she has little time *to play handball.*
Er hat Lust, heute *essen zu gehen.*	He feels like *going out to eat* today.

Separable verbs add the **zu** after the prefix.

Es macht mir keinen Spaß *einzukaufen.*	I do not enjoy shopping.

You use **um zu**, when you say 'in order to' do something.

Ich reise in die Alpen, *um* Ski *zu* fahren, *um zu* wandern und *um* die Natur *zu* genießen.
I travel to the Alps (in order) to go skiing, to go hiking and to enjoy nature.

Text 3

Sind Männer besser als ihr Ruf?

Aktuelle Umfrage zum Thema „Männer und Haushalt". Das Ergebnis:

85 Prozent der deutschen Männer glauben, sich im Haushalt gut auszukennen. Die große Mehrheit der Männer behauptet, sich in Haushaltsdingen sehr gut (36 Prozent) oder gut (49 Prozent) auszukennen – nur 15 Prozent bescheinigen sich wenig bzw. keine Kenntnisse!

Lieblingsbeschäftigung der deutschen Männer: Einkaufen und Kochen. Auf den letzten Plätzen der Beliebtheitsskala rangieren Putzen und Wäsche waschen: lediglich 6 Prozent geben an, dass sie sehr gerne putzen, 9 Prozent waschen sehr gern. Während Geschirr spülen (13 Prozent) und Müll rausbringen (18 Prozent) in der Mitte rangieren, sind die absoluten Lieblingsbeschäftigungen der Männer das Einkaufen (33 Prozent) und das Kochen (44 Prozent antworteten mit „sehr gerne").

Adapted from http://www.starticker.tv/blog/archives/297-Sind-Maenner-besser-als-ihr-Ruf.html accessed 17.7.07

Exercise 9

Read Text 3 and use information from the survey to write at least four sentences using **zu** + infinitive describing what proportion of German men enjoy or don't enjoy certain household tasks.

Beispiel: **94% der deutschen Männer haben keine Lust zu putzen.**

Exercise 10

Write about 50–100 words in German about what you like and don't like to do in your spare time. Talk about household tasks as well as leisure activities including sports.

Exercise 11   (CD2; 4)

The German letter **z** is said [ts]. Other letters or combinations of letters produce the same sound.

a   Listen to these sentences and underline where you hear the sound [ts]. Which letters or combinations of letters are pronounced [ts]?

1   Auf dem Zentralmarkt in Zürich kaufte Moritz 220 Zitronen und französische Zigaretten.

2   Unsere Zweigstelle in Linz ist zwischen 12 und 1 Uhr geschlossen.

3   Frau Zaller ist zur Zeit zuständig für den Export von Cerealien nach Zypern.

4 Ca. 12% der Schweizer ziehen es vor, in ihrer Freizeit Cha-Cha-Cha zu tanzen.

5 Beim Tischtennisturnier war Cäcilie fast 10 cm größer als alle anderen Mitspielerinnen.

6 Lutz fährt trotzdem mit seinem Mercedes Benz in die City zur Endstation des Zuges, um Franz abzuholen.

7 Am letzten Samstag zahlte Julia ca. €20 zu viel für die exklusive, französische Lotion.

b Practise saying the sound by repeating words and sentences on the recording.

Exercise 12 **(CD2; 5)**

Listen to someone talking about his working day.

1 Ist der Mann:

   a Fabrikarbeiter

   b Import-/Exportkaufmann

   c Immobilienmakler

   d Arzt?

2 Notieren Sie die Zeiten für
Arbeitsbeginn:
Mittagspause:
Feierabend:

Exercise 13 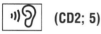 **(CD2; 5)**

Listen to the dialogue again and tick all the activities mentioned.

1 den Computer anschalten
2 E-Mails schreiben
3 Briefe schreiben
4 tippen
5 telefonieren
6 einem Kollegen/einer Kollegin etwas ausrichten
7 eine Nachricht hinterlassen
8 eine Besprechung vereinbaren
9 an einer Besprechung teilnehmen
10 Protokoll führen
11 einen Termin abmachen

12 einen Kunden besuchen
13 Akten ablegen
14 eine Dienstreise machen
15 etwas bestellen
16 etwas liefern
17 eine Datenbank auf dem Laufenden halten

Exercise 14

Complete these sentences using **um** ... **zu** and a phrase from Exercise 13.

Beispiel: **Frau Möller macht eine Dienstreise, *um an einer Besprechung teilzunehmen.***

1 Ich hinterlasse eine Nachricht, ...
2 Die Sekretärin schaltet den Computer an, ...
3 Wir machen einen Termin ab, ...
4 Die deutsche Kollegin telefoniert mit Österreich, ...
5 Herr Martens kam gestern früher zur Arbeit, ...
6 Wir müssen neues Papier bestellen, ...
7 Mein Kollege nimmt an unserer Besprechung teil, ...

Exercise 15 (CD2; 6)

Listen to three messages left on Frau Stellmann's voicemail. Decide which email from her secretary matches which message.

1

An:	Maike Stellmann
Von:	Vera Eggers
Betreff:	Anruf von Frau Meyer

Hallo Frau Stellmann,
    Frau Meyer von der Firma Sonthofer und Söhne hat angerufen. Sie möchte sich zusammen mit ihrem Kollegen die Büroräume in der Frauenstraße ansehen. Sie bittet um Rückruf, um einen Termin zu vereinbaren.
Gruß
Vera Eggers

2

An: Maike Stellmann
Von: Vera Eggers
Betreff: Broschürenbestellung

Guten Morgen, liebe Frau Stellmann,
  Herr Sträubel aus dem Lager hat wegen der
Broschürenbestellung angerufen. Er hat im
Moment nur noch 200 alte vorrätig. Rufen
Sie bitte an, um Bescheid zu sagen, ob Sie
die 200 haben möchten, oder ob Sie auf die
neue, mehrfarbige Version warten wollen,
die voraussichtlich in zwei Wochen fertig
ist.
Viele Grüße
Vera Eggers

3

An: Maike Stellmann
Von: Vera Eggers
Betreff: Herr Bergers Besuch

Liebe Frau Stellmann,
  die Firma Landmann hat angerufen. Frau
Gottschlich lässt Ihnen ausrichten, dass
Herr Berger für eine Woche krank geschrieben
ist und deshalb seine Dienstreise zu uns am
Donnerstag absagen muss. Herr Berger lässt
Sie grüßen und bittet um Entschuldigung. Er
meldet sich telefonisch, wenn er wieder im
Büro ist.
Alles Gute
Vera Eggers

Wissen Sie das schon?

E-Mailen

Now that you have read several emails in German, you will have
gained an impression of their style and structure. In German as in

English, emails tend to be less formal in style than letters, but more formal than a text message. Nevertheless, you would still address people by their title and surname unless you knew them very well. Forms of address can differ from those used in letters, i.e. by using 'Guten Tag', 'Guten Morgen' or combinations such as 'Hallo, liebe Frau Müller'. Even contacts outside someone's own company may be addressed with 'Guten Tag Herr Franz Meier,' or 'Hallo Franz Meier'. If you know people less well, stick to the more formal 'Sehr geehrte/r Frau/Herr . . .' used in letters.

The use of emoticons (☺, ☹) or special punctuation (! or . . .) is known but it should not be overused. You should write complete sentences. Abbreviations such as **mfg** for 'Mit freundlichen Grüßen' are known but are not considered very polite. Instead more imaginative closing formulae can be used with people you know well, e.g. 'Mit sonningen Grüßen'. More neutral ones are shown in Frau Eggers' messages.

Exercise 16   **(CD2; 7)**

Listen to another message and write an email to Frau Stellmann summarizing the content.

8 Gesund bleiben

In this unit you can learn about:

- going to the doctor
- diet and exercise
- health insurance
- describing future hopes and wishes
- saying what you could/should do
- reflexive verbs with dative pronouns
- pronunciation of words beginning **um-** and **un-**
- developing your listening skills

Lerntipp ♦

Developing listening skills

If you want to develop your listening it is a good idea to listen to something in German that you already know about in your first language. If, for example, you are interested in jazz, then listening to a radio programme on it can be a good idea. You are interested in the content, and you probably have some knowledge about what you are hearing.

Before listening to something it is often helpful to focus on what you already know about the subject. Activating existing knowledge and vocabulary helps to prepare you for what you are going to hear. Think about what sort of topics might come up and also words and phrases.

If you don't understand much the first time, don't worry. You'll probably have to listen to it several times before you understand most of what you hear. The first time you listen, aim to understand the gist of what you hear, for example is it a radio interview discussing education, a conversation in a café, someone making an appointment with a doctor's receptionist? The next stage is to focus in a little more detail – what topics are mentioned, who is taking what role, what sort of questions are asked? After this you may be able to focus in greater detail – what are someone's working hours, what advice does the doctor give or why is someone upset?

It can be reassuring to listen to the whole piece through at the end, to see how much of it you now understand after working quite intensively.

Exercise 1

Prepare to listen to an audio extract of a conversation between a doctor and a patient.

a   Think about what are common reasons for going to the doctor. Jot down a few notes and ideas in German.
b   Before listening, match the English and German in the following list.

1	always had a cold	a	das Immunsystem
2	flu	b	der Körper
3	prescription	c	ständig erkältet
4	medicine	d	das Medikament
5	immune system	e	sich gesund ernähren
6	nutrition	f	die Lunge
7	eat healthily	g	sich bewegen
8	lung	h	Stress vermeiden
9	take exercise	i	die Grippe
10	avoid stress	j	das Rezept
11	get enough sleep	k	genug schlafen
12	body	l	die Ernährung

Wissen Sie das schon?

Ärtze

A GP is known as a **Hausarzt** and you would go to your **Hausarzt** with general medical complaints. The **Hausarzt** may either treat you or give you a referral to a specialist, **eine Überweisung zum Facharzt**. However, you don't have to visit your **Hausarzt** to get to see a specialist, you can make an appointment directly with a paediatrician,

Kinderarzt, a dermatologist, **Hautarzt**, an ophthalmologist, **Augenarzt**, a gynaecologist, **Frauenarzt**, etc. You can either make an appointment with a doctor or you can simply turn up at certain times, **die Sprechstunde**, which will be advertised on the sign outside the doctor's office.

Exercise 2 (CD2; 8)

1   Why has Frau Stadelbauer gone to the doctor?
2   In which order does Dr Neckar give the advice?

   a   genug schlafen
   b   Stress vermeiden
   c   sich draußen bewegen
   d   sich gesund ernähren

Exercise 3 (CD2; 8)

Listen to the advice the doctor gives and in each case decide which advice he offers, a or b.

1   a   Die Patientin soll gleich Tabletten einnehmen.
   b   Die Patientin soll es erstmal ohne Tabletten versuchen.
2   a   Die Patientin soll ins Fitnessstudio gehen und dort Sport treiben.
   b   Die Patientin soll an der frischen Luft Sport treiben.

3 a Um gesund zu bleiben, muss die Patientin drei Mal pro Woche Sport treiben.

   b Um gesund zu bleiben, muss die Patientin vier Mal pro Woche Sport treiben.

4 a Eine ballaststoffreiche Ernährung mit viel Brot und Gemüse ist für das Immunsystem wichtig.

   b Eine ballaststoffreiche Ernährung mit viel Obst und Gemüse ist für das Immunsystem wichtig.

5 a Man darf sich nicht zu gestresst fühlen. Man muss sich mehr Zeit nehmen.

   b Man darf sich nicht zu gestresst fühlen. Man muss mehr für die Familie tun.

6 a Der Körper und das Immunsystem können sich im Schlaf regenerieren.

   b Der Körper und das Immunsystem können sich nur im Schlaf regenerieren.

Exercise 4 (CD2; 8)

Find the German for these English expressions.

1 What brings you to me today?
2 I can remember it well.
3 over the winter
4 especially important
5 sweet drinks
6 say 'no' instead of 'yes'
7 on average
8 I wish you good health.

Lerntipp ♦

Focus on key message

Even after listening to this audio extract there may be words and expressions you don't understand. If this is the case, don't worry. It is more important to understand the key messages you are hearing than to focus on individual words. Feel good about what you have managed to understand.

Zur Sprache ♦

Modal verbs

Modal verbs nearly always need an additional verb in the infinitive to complete the meaning.

Als Diabetiker muss er regelmäßig Insulin spritzen.	As a diabetic he has to inject insulin regularly.
Ich will mehr Sport treiben.	I want to do more sport.

Modal verbs include: **dürfen** 'to be allowed to', **können** 'to be able to', **müssen** 'to have to', **sollen** 'ought to', **wollen** 'to want to' and **mögen**, which acts like a modal verb in the conditional when it becomes **möchten** 'would like to'.

The imperfect of modal verbs is used a lot. This form is frequently used when talking about the past. The perfect of modal verbs is much less commonly used. If there's an umlaut in the infinitive, it's dropped when you form the imperfect. See the Grammar Summary for tables of modal verbs.

Der Arzt konnte mich gestern nicht sehen.	The doctor wasn't able to see me yesterday.
Unsere Tochter musste doch nicht in die Klinik gehen.	Our daughter didn't have to go to hospital after all.

Conditional or past subjunctive

This is used if you want to say you would be able to do something, would like to have something, etc. It is formed by taking the imperfect form of the modal verb and adding an umlaut to the vowel. **Wollen** isn't commonly used in this form and is replaced by **möcht-**. **Sollt-** means 'should' and its imperfect is always used instead.

Dürfte ich nach der Operation schwimmen gehen?	Would I be allowed to go swimming after the operation?
Müsste er sich nicht ausruhen?	Wouldn't he have to rest?

Complete the table by taking the imperfect form of the modal verb and adding the umlaut. Follow the pattern of verb endings to work out **möcht-**.

	dürfen	*können*	*müssen*	*mögen*
ich	___	___	___	___
du	___	___	___	möchtest
er/sie/es/man	dürfte	___	___	___
wir	___	___	___	___
ihr	___	___	___	___
Sie	___	könnten	___	___
sie	___	___	___	___

Exercise 5

Complete this summary of Frau Stadelbauer's visit to the doctor using the words in brackets.

Frau Stadelbauer **möchte** (would like to) diesen Winter nicht ständig erkältet sein. Der Arzt sagt ihr, sie _____ (should) im Freien Sport treiben, das _____ (is able to) für das Immunsystem gut sein. Man _____ (would have to) sich drei Mal die Woche zwanzig Minuten bewegen. Doktor Neckar sagt der Patientin, sie _____ (ought to) sich gesund ernähren. Man _____ (to have to) viel Obst und Gemüse essen. Im Durchschnitt _____ (to have to) der Mensch sieben Stunden Schlaf bekommen. Frau Stadelbauer _____ (to want to) besser schlafen. Massage und Saunabesuch _____ (to be able to) Leuten helfen zur Ruhe zu kommen. Frau Stadelbauer wünscht sich, dass sie gesund durch den Winter kommen _____ (is able to).

Exercise 6 (CD2; 9)

Now practise using modal verbs in different tenses in speaking.

Wissen Sie das schon?

Krankenversicherung und Krankenkassen

In Germany, Austria and Switzerland there is no national health service, but people have health insurance, **Krankenversicherung,** through a **Krankenkasse**. One of the largest German non-private health insurers is the **Allgemeine Ortskrankenkasse** (AOK). In Germany you can choose whether or not to have health insurance through a public scheme like the AOK; you can have this and pay more for some private insurance or you can choose to simply be insured through a private insurer. In Switzerland all residents have to have basic health insurance which they can top up if they choose.

Text 1

A Willkommen bei Ihrer AOK

Als AOK-Mitglied haben Sie klare Vorteile. Und zwar nicht nur Sie, sondern auch Ihre ganze Familie. Wir bieten umfassenden Schutz und Sicherheit im Krankheitsfall von der medizinischen Behandlung mit allen modernen, wissenschaftlich anerkannten Behandlungs- und Heilmethoden bis hin zur Krankenhausbehandlung.

Die AOK tut alles, damit Sie im Krankheitsfall bestens medizinisch versorgt werden. Wir setzen uns mit aller Kraft dafür ein, dass Sie schnell wieder gesund werden. Mit der AOK-Versichertenkarte können Sie den Arzt oder Zahnarzt Ihrer Wahl besuchen, wo immer Sie sich gerade aufhalten: am Wohnort genauso wie im Urlaub, ob in Oberbayern oder auf Sylt.

Wir haben ein dichtes Netz mit rund 2 000 Geschäftsstellen – immer eine direkt in Ihrer Nähe. Nicht nur in Deutschland, sondern jetzt auch auf Mallorca, in Holland und in Frankreich, auf immer mehr Flughäfen und an zahlreichen Universitäten. Wo Sie auch sind, sind wir immer in Ihrer Nähe – kommen Sie doch mal vorbei!

http://ww.aok.de/wl/rd/wir-über-uns-165714?leftnav%5Bid%5D=123 accessed 18.9.07

B Krankenversicherung

Gemäss Krankenversicherungsgesetz (KVG) ist die Krankenpflegeversicherung für alle in der Schweiz wohnhaften Personen obligatorisch. D.h. man muss zumindest eine Grundversicherung abschliessen. Diese stellt das Fundament dar, auf dem man – je nach persönlichem Bedarf – weiteren Versicherungsschutz durch zusätzliche Beiträge „dazu kaufen" dann. Unter den

Krankenversicherern gibt es sehr viele Anbieter. Der Vergleich wird – vor allem beim Wunsch, sich zusätzlich zur Grundversicherung abzusichern – nicht immer ganz einfach sein.

Der Aufbau des Krankenkassensystems ähnelt insofern dem der privaten Kassen in Deutschland als dass alle Familienmitglieder – unabhängig von Erwerbstätigkeit etc. – einzeln versichert sind und dass man Arzt- und Medikamentenrechnungen zunächst selber zahlt und sich die Kosten dann von der Krankenkasse rückerstatten lässt.

Neben der Grundversicherung gibt es weitere Zusatzversicherungen wie Spitalzusatzversicherungen oder Zahnversicherungen. Was es genau gibt und welche Leistungen darin eingeschlossen werden, sollte bei den einzelnen Versicherern angefragt werden.

www.hallo-schweiz.ch/CH_9_KV.htm accessed 8.6.09

Vokabular ♦

das Mitglied	the member
wissenschaftlich anerkannt	here: medically approved
sich mit aller Kraft für etwas einsetzen	here: to do everything possible
ein dichtes Netz	here: good coverage
gemäss	according to (Swiss spelling)
d.h. – das heisst	that is to say (Swiss spelling)
eine Grundversicherung abschliessen	to take out basic insurance
je nach persönlichem Bedarf	according to personal need
zusätzliche Beiträge	additional contributions
sich absichern	here: to insure (oneself)
unabhängig von Erwerbstätigkeit	independent of employment status
rückerstatten lassen	to be recompensed
die Zusatzversicherung	additional insurance
das Spital	hospital (Austrian and Swiss German)

Wissen Sie das schon?

The letter ß

In Switzerland the letter ß is not used. Instead words such as **außer** in German are written **ausser** in Swiss German.

Exercise 7

Read the sentences below. Re-read Text 1 and decide if the information is in **Teil A**, **Teil B** or not in either **Teil**.

	Teil A	Teil B	nicht im Text
Alle Familienmitglieder sind versichert.			
Die Versicherung hilft, auch wenn Sie nicht zu Hause sind.			
Alle Einwohner müssen versichert sein.			
Für Auslandsreisen muss man eine Zusatzversicherung abschließen.			
Man muss vor jedem Termin beim Arzt mit der Krankenkasse sprechen.			
Schweizerische Krankenversicherungen sind deutschen Privatversicherungen ähnlich.			
Es gibt Geschäftsstellen an ungewöhnlichen Stellen.			
Man kann für extra Versicherungen bezahlen, z.B. für Zahnbehandlungen.			

Exercise 8

Read Text 1 and underline all the words and expressions relating to either health, health insurance or medical care.

Exercise 9 **(CD2; 10)**

Practise saying words starting with **un-** or **um-**.

Exercise 10

Read Text 2 and match the headings below to parts A–C.

1 Eine niedrige Geburtenrate
2 Demographische Trends – eine alternde Gesellschaft
3 Aktiv sein im Alter?

Text 2

A

Demographische Studien zeigen, dass die Deutschen immer länger leben. Die Bevölkerung in Deutschland wird in den nächsten Jahrzehnten kleiner aber gleichzeitig älter. Das Problem gibt es nicht nur in Deutschland, sondern auch in anderen Ländern wie z.b. in Japan.

B

Die heutigen Rentner bleiben länger aktiv. Im Ruhestand hat man viel Zeit für sich. Rentner reisen, treiben Sport, sind an Technologie interessiert, haben Hobbys oder haben eine ehrenamtliche Tätigkeit. Um das alles zu machen, müssen Rentner gesund bleiben und das ist nicht so selbstverständlich. So sehen manche eine ergraute Generation als Kosten für die Gesellschaft. Die Gesundheitsfürsorge ist sehr teuer. Ältere Menschen gehen öfter zum Arzt, so sehen es leider die Pessimisten.

C

Durchschnittlich bringt jede Frau in der Bundesrepublik 1,36 Kinder zur Welt. Diese Zahl wird wahrscheinlichst noch weiter abnehmen. In der Schweiz liegt die Geburtenrate bei 1,4 Kinder, 1960 waren es 2,4. Warum passiert das? Ergebnisse einer deutschen Studie von Frauen zwischen 18-49 Jahren: Der richtige Partner fehlt – 44%, Unsicherheit über berufliche Zukunft – 40%, Verlust der persönlichen Unabhängigkeit – 34%, zu hohe Kosten – 29%.

Vokabular ♦

die Bevölkerung	the population
im Ruhestand	in retirement
eine ehrenamtliche Tätigkeit	voluntary work
die Gesundheitsfürsorge	health care

Exercise 11

Re-read Text 2 and correct the false statements below.

Beispiel: Demographic studies show that ~~Austrians~~ **Germans** are living for longer.

1 In coming decades the population in Germany will increase but also become older.
2 Outside Germany, this is only a problem in Japan.
3 Senior citizens go on holiday, dislike sport and are interested in technology.
4 Some people see the grey-haired generation as a benefit to society.
5 Women in Germany will probably have more children in the future.
6 The birth rate in Switzerland has risen since 1960.

Zur Sprache ♦

Expressing hopes and wishes

In the first audio extract you heard the doctor wishing his patient good health through the winter. He said **Ich wünsche Ihnen ...** 'I wish you ...' The patient replied **Das wünsche ich mir auch.** 'I wish that for myself as well.' You can see that the reflexive pronoun here is in the dative, and you learnt about dative pronouns in Unit 6. If you're talking about hopes then you could say **ich hoffe**, 'I hope', or **ich erhoffe mir**, 'I hope for myself'.

Ich hoffe, ich bleibe gesund.	I hope I remain healthy.
Ich erhoffe mir, ich werde bald wieder gesund.	I hope I get healthy again quickly.

Future

There are two main ways of talking about the future in German. In many instances you can use the present tense when it is clear that it refers to something happening in the future:

Nächsten Freitag gehe ich zum Zahnarzt.	I'm going to the dentist next Friday.

The other way is to use the verb **werden** and an infinitive:

Nächsten Freitag werde ich zum Zahnarzt gehen.	I'm going to go to the dentist next Friday.

See the Grammar Summary for a table of **werden**.

Ich hoffe, dass ich in Zukunft gesund bleibe.	I hope to stay healthy in future.
Ich wünsche dir, du wirst in Zukunft weniger Medikamente nehmen müssen.	I wish for you, that you won't need to take as many medicines in the future.

Exercise 12

Re-read Text 2 and answer the following questions in the future tense using **werden**.

1 Was zeigen demographische Studien?
2 Wie wird sich die Bevölkerung ändern?
3 Was werden Leute im Ruhestand machen?

4 Was sagen manche über die Kosten für die Gesellschaft, wenn es mehr Rentner geben wird?

5 Was wird wahrscheinlich mit der Geburtenrate passieren?

Exercise 13   ◁))〉 **(CD2; 11)**

Take part in a dialogue about your own future plans.

9   Mensch und Technik

In this unit you can learn about:

▶ the use of technology in German-speaking countries
▶ giving advice and instructions
▶ agreeing and disagreeing
▶ the passive
▶ anglicisms and their pronunciation
▶ how to base your writing on reading texts

Exercise 1

Read Text 1 on Austrian people's attitudes towards the use of mobile phones, **Handys**. Underline the information given for the three key themes. Use a different colour for each of the themes.

Key themes:

1   the importance of mobile phones to Austrians
2   why people have mobile phones
3   how they use their mobile phones

Der moderne Mensch

Text 1

Österreicher lieben Handys

Wichtiger als Auto

Das Handy ist für Österreicher immer wichtiger. Während elf Prozent auf den Fernseher und sechs Prozent auf das Auto

verzichten könnten, wollen sich laut Studie nur vier Prozent ein
Leben ohne Mobiltelefon vorstellen. 5

Mobiltelefon immer dabei

Ein Leben ohne Handy ist für jeden zweiten Österreicher laut
Studie nicht mehr vorstellbar. So haben auch 89 Prozent ihr
Mobiltelefon immer dabei, wenn sie das Haus verlassen.

Erreichbarkeit und Sicherheit sind die wichtigsten Gründe 10
für den Handybesitz. Gleichzeitig steigt das Kostenbewusstsein:
43 Prozent informieren sich regelmäßig über die neuesten
Gesprächstarife – fast doppelt so viele wie im Vorjahr.

Für 81 Prozent ist das Handy Gegenstand persönlicher
Sicherheit. 86 Prozent meinen, dass ältere Personen für 15
Notsituationen eines besitzen sollten, 74 Prozent sprechen sich
für Handys für Kinder aus.

Immer seltener abgeschaltet

89 Prozent der Befragten wollen ihre Familie, Partner und
Freunde jederzeit erreichen können, 77 Prozent selbst immer 20
zu kontaktieren sein. Jeder Dritte muss beruflich ständig über
ein Handy verfügbar sein (35 Prozent).

Gleichzeitig sinkt die Zahl jener, denen es unangenehm ist,
immer und überall erreichbar zu sein: Während hier 2006 noch
rund die Hälfte (48 Prozent) der Befragten zustimmte, so ist es 25
heuer nur noch jeder Dritte (33 Prozent).

Das Handy wird immer seltener abgeschaltet und stattdessen
öfter lautlos gestellt (pro Tag 4,5 Stunden). 84 Prozent schalten
nachts das Telefon ab. 84 Prozent nehmen ihr Handy in den
Urlaub mit. 30

Source: http://oesterreich.orf.at/wien/stories/199679/ accessed 17.7.07

Vokabular ◆

verzichten auf etwas	to do without something
etwas dabei haben	to have something with you
die Erreichbarkeit	here: being contactable

das Kostenbewusstsein	awareness of cost/price
sich für etwas aussprechen	to advocate something
abschalten	to switch off
verfügbar sein	to be available
heuer	Austrian German: this year
lautlos stellen	switch to silent

Exercise 2

Go back over **Zur Sprache** in Unit 7, **Über Statistiken sprechen oder schreiben** (page 92), and use expressions from there as you answer these questions on Text 1.

1 Wie viele Österreicher können laut Studie nicht mehr auf ein Handy verzichten?
2 Warum haben sie Handys?
3 Welche Personengruppen sollten aus Sicherheitsgründen über Handys erreichbar sein?
4 Ist es Leuten unangenehm, immer und überall verfügbar zu sein?
5 Werden Handys noch abgeschaltet?
6 Wohin nehmen die meisten Österreicher ihr Handy mit?

Lerntipp ◆

Using written texts to improve your own writing

Written texts can be a valuable source for your own writing. You can base your writing on thoughts and language you have read, but it is important that you don't simply copy what someone else has written. Text 1 provides a lot of useful vocabulary for the topic of mobile phones (e.g. **das Mobiltelefon, der Gesprächstarif, abschalten, lautlos stellen**). It also introduces some ideas on people's attitudes and useful phrases to express them, e.g. **beruflich ständig über das Handy verfügbar sein müssen** 'to have to be constantly available for work calls on your mobile'.

Go through texts like this to look for useful phrases. Then adapt them to express your own opinion. It is best to make notes of phrases. Then put the text aside and don't refer to it during your own writing, so that you are not inadvertently copying the original.

Exercise 3

Write a short paragraph (approx. 50 words) describing your attitude to and use of mobiles, drawing on ideas and vocabulary from Text 1.

Exercise 4

How do you use mobile phones, computers and the internet? Tick the relevant columns to say what you use and why.

	Internet/ Computer	Handy/ Handheld	Alternative	Notizen – warum?
telefonieren			Festanschluss	
einkaufen				
Zeitung lesen				
Radio hören				
Musik hören	Musik herunterladen/ downloaden			
mit anderen in Kontakt bleiben	chatten, emailen; Online- Kontaktnetzwerke	SMS senden		
Urlaubsreisen buchen				
Arbeit suchen				
Sprachen lernen				
arbeiten				
spielen				
Filme sehen				
Tagebuch schreiben	bloggen			
Informationen suchen/ nachschlagen	surfen			
Anderes?	eigene Homepage/ Webseite			

Zur Sprache ◆

Anglicisms

Modern German is full of anglicisms, words derived from English. This is particularly true for the area of modern technology. Some words are taken directly from English, e.g. **das Internet, der Download, das Blog, der Podcast**. Others are adapted to German grammar, e.g. verbs **bloggen, surfen, chatten, joggen**. For some there are alternative words and both are used, e.g. **der Computer – der Rechner**, or **downloaden – herunterladen**. Some words are used in German with a different meaning, e.g. **das Handy** 'mobile phone', or **die Homepage** 'website'. People's inadvertent misuse of such words can sometimes lead to confusion. Some new German words have been created, following the sound or structure of the original English word, e.g. **die Webseite** 'the website'.

Language always develops and changes, e.g. at the time of writing this book we could find **das Handheld, das Handheld-Device, das Hand-held**. It can, therefore, be very helpful to search the internet for current usage of words.

Anglicisms or words that are similar to those in your own language can cause problems in German, because you are likely to base your pronunciation on that in your own language.

Exercise 5   **(CD2; 12)**

Take part in a market research interview about your use of information communication technologies.

Exercise 6   **(CD2; 13)**

Now practise your pronunciation of anglicisms.

Zur Sprache ◆

Imperative

The imperative is used to express a command, i.e. to tell people what to do. There are different grammatical forms for formal and informal situations.

For the *formal* form use the verb stem (here **buch-**) and add **-en**. As in questions, the personal pronoun **Sie** follows the verb. This can be used to address one or more people.

Buchen Sie Ihre Reise im Internet, das ist billiger.
Book your trip on the internet, it's cheaper.

For the *informal* forms, no personal pronoun is used. There is a difference between singular and plural forms.
The *singular* form has no ending.

Ruf mich morgen an.   Phone me tomorrow.

For irregular verbs (e.g. **lesen**) that change their vowel in the third person singular (**er/sie/es liest**), the stem of this form is used, **lies-**.

Lies die Nachrichten doch auf   Read the news on the website.
der Webseite.

For the *informal plural* the infinitive stem is used and **-t** is added.

Schickt mir bitte alle eine E-Mail.   Please all send me an email.

See the Grammar Summary for a table of the imperative.

Exercise 7

Read Text 2 and underline all occurrences of the imperative. Which form is used?

Text 2 [🔊] (CD2; 14)

Wie man sich in E-Mails gut benimmt

Auch in E-Mails können Sie andere verärgern oder einen schlechten Eindruck machen, wenn Sie das Falsche sagen oder sich nicht richtig benehmen.

- Zuerst einmal: Denken Sie immer an den Empfänger oder die Empfängerin. Manchmal kommen uns E-Mail-Partner anonym vor, aber sie sind Menschen mit Gefühlen, wie Sie und ich. Schreiben Sie nichts, was Sie Leuten nicht auch persönlich sagen könnten. Seien Sie genauso höflich wie in Briefen oder im persönlichen Gespräch. Sie können z.B. in einer E-Mail nicht zeigen, dass Sie Kritik freundlich meinen, wie Sie es durch Ihren Tonfall in einem Gespräch klar machen könnten.
- Achten Sie auf die Rechtschreibung. Manchmal schreibt man E-Mails sehr schnell und vergisst dabei die Rechtschreibung. Überprüfen Sie ihre E-Mail inklusive der Betreff-Zeile auf Stil und Fehler, bevor Sie sie abschicken. Peinliche Fehler kann man nicht verbessern, wenn die Nachricht einmal weg ist.
- Schicken Sie Mails nur an die richtigen Empfänger. E-Mails können sehr praktisch sein, weil man mit cc (carbon copy) gleichzeitig an viele Leute schreiben oder Informationen weiterleiten kann. Gehen Sie aber behutsam mit diesen Funktionen um. Heutzutage bekommen viele Menschen ein Übermaß an E-Mails. Klicken Sie nicht zu schnell auf „Antwort an alle". Überlegen Sie ganz genau, ob Empfänger eine E-Mail wirklich brauchen.
- Seien Sie vorsichtig, wenn Sie Dateien im Anhang senden. Natürlich macht es Spaß, lustige Videoclips oder schöne Fotos zu verschicken. Aber diese Dateien sind oft sehr groß. Der Download kann für manche Empfänger lange dauern oder das E-Mail-Programm zu sehr belasten.
- Gehen Sie vorsichtig mit GROSSBUCHSTABEN um. Schreiben Sie nicht alles damit. Großbuchstaben bedeuten in E-Mails oder im Internet, dass Sie den Adressaten anschreien und das ist meistens unhöflich. SCHREIEN Sie nur, wenn Sie es wirklich wollen.

Vokabular ◆

einen schlechten Eindruck machen	to make a bad impression
sich benehmen	to behave
der/die Empfänger/in	recipient
auf etwas achten	to pay attention to

die Rechtschreibung	spelling
die Betreff-Zeile	subject line
behutsam mit etwas umgehen	to treat something carefully
die Datei	file

Exercise 8

Imagine you know some people who constantly contravene the advice in Text 2.

1 Sandra schreibt Dinge, die sie Leuten nie persönlich sagen würde.
2 Bernd macht so viele Rechtschreibfehler in E-Mails.
3 Vera und Eva drücken immer gleich auf „Antwort an alle".
4 Hannes und Gabi schicken so viele große Fotos.
5 Oma und Opa verwenden häufig Großbuchstaben.

a Tell them not to do this. Select the informal singular or plural as appropriate.

Beispiel: **Schreib doch nicht immer Dinge, die du Leuten nie persönlich sagen würdest, Sandra.**

b Now use ideas from the article to say what they should do instead.

Beispiel: **Denk lieber an den Empfänger oder die Empfängerin.**

Exercise 9

Read through Text 3 and guess what five inventions are discussed.

Text 3

Wie die Technik unser Leben erleichtert

Auf welche Erfindungen könnten Sie nicht verzichten? Wir fragten fünf Leser nach Ihrer Meinung.

1 Josef Sedelmeyer, 45, München, Schulungsleiter

Für mich persönlich muss ich sagen, ist das die _____. Ohne meine _____ könnte ich nicht mit Papier oder Computer arbeiten, denn ich muss alles gut sehen können. Ich lese auch für mein Leben gern Zeitung und sehe viel fern.

2 Susanne Weyers, 51, Recklinghausen, Krankenschwester

Ich halte die _____ für die wichtigste Erfindung, ohne die mein Leben ganz anders aussehen würde. Ich finde Hausarbeit furchtbar, weil sie soviel Zeit kostet. Ohne _____ müsste ich einmal in der Woche Waschtag machen. Wie schrecklich!

3 Tim Sanders, 17, Meiningen, Auszubildender

Ich möchte auf keinen Fall auf mein _____ verzichten, denn das ist doch die beste Erfindung überhaupt. Man kann absolut alles damit machen: telefonieren, E-Mails schicken, surfen, fotografieren, filmen, Musik hören – sogar 'ne Taschenlampe ist dran.

4 Markus Fleischmann, 30, Heiligendamm, Gas-Wasser-Installateur

Meines Erachtens ist das das _____. Ich hatte schon zweimal eine schwere Lungenentzündung und würde ohne _____ vielleicht schon gar nicht mehr leben. Es beunruhigt mich sehr, dass die Krankheitserreger gegen Antibiotika zunehmend immun werden.

5 Lisa Weber, 25, Gera, Bäckereifachverkäuferin

Ich würde sagen, man sollte sehr weit zurück gehen. Eine zentrale Rolle spielt meiner Meinung nach das _____. So vieles ist davon abhängig, nicht nur alles was mit Transport und Verkehr zu tun hat, sondern auch alle möglichen Maschinen würden ohne _____ nicht funktionieren.

Exercise 10

Read Text 3 again and pick out all of the words or phrases useful for expressing opinions. Add them to those taught in Unit 5.

Exercise 11

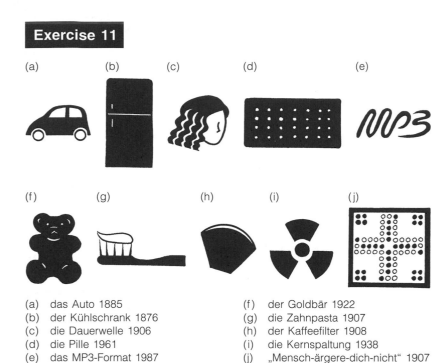

(a) (b) (c) (d) (e)

(f) (g) (h) (i) (j)

(a) das Auto 1885			(f) der Goldbär 1922	
(b) der Kühlschrank 1876			(g) die Zahnpasta 1907	
(c) die Dauerwelle 1906			(h) der Kaffeefilter 1908	
(d) die Pille 1961			(i) die Kernspaltung 1938	
(e) das MP3-Format 1987			(j) „Mensch-ärgere-dich-nicht" 1907	

Look at these German inventions. Give your opinion on which fits each of the four categories below and justify your decision.

Welche dieser Erfindungen ist Ihres Erachtens:

1 die wichtigste
2 die gefährlichste
3 die dümmste
4 die praktischste

Zur Sprache ♦

Expressing agreement or disagreement

Here are some expressions that you can use to agree or disagree with opinions expressed by others:

Agreement	Disagreement
Da haben Sie Recht.	Da haben Sie Unrecht.
Das ist (ganz) richtig.	Das ist (vollkommen) falsch.
Ja, das stimmt.	Nein, das stimmt nicht.
Ich stimme Ihnen (vollkommen) zu.	Ich stimme Ihnen da (überhaupt) nicht zu.
Ganz genau!	Ganz und gar nicht!
Das würde ich auch sagen.	So ein Unsinn!
Das sehe ich genauso.	Das ist absoluter Blödsinn.

The final three disagreement entries are more colloquial and emotional than the others.

Exercise 12 (CD2; 15)

Now react to other people's opinions using the audio recording.

Exercise 13

Often inventions are developed further. Read Text 4 and note which three ways of making coffee are described here. When was it made in each way?

Text 4

Anders als zu Melittas Zeiten

Letztes Jahr zu Weihnachten wurde ich mit einer supermodernen Kaffeemaschine bedacht. Einfachen Filterkaffee gibt es nicht mehr. Jetzt werden Espresso, Capuccino, Latte Macchiato und viele andere Kaffeekreationen mit wohlklingenden Namen angeboten. Meine Mutter war zuerst skeptisch: „Das ist doch bestimmt viel Arbeit und danach muss noch alles gesäubert werden." Aber das ist ganz und gar nicht so! Die Maschine ist nämlich vollautomatisch. Ich werde sozusagen von ihr bedient. Nur noch die Kaffeebohnen und das Wasser werden von mir eingefüllt, dann wird die Maschine eingestellt und von da an geht alles von selbst. Ich muss nur noch die Maschine ausstellen und kann dann meinen Kaffee genießen. Wenn man es ganz nobel mag, können auch noch Schokoflocken, Kakaopulver oder Zimt auf den Kaffee gestreut werden.

Vor 1908 wurde das gemahlene Kaffeepulver einfach ins Wasser gegeben und das Ganze wurde aufgekocht. Dieser Sud wurde dann durch ein Sieb gegossen, doch in der Tasse fand man noch viel Kaffeesatz. Das änderte sich als von der Dresdener Hausfrau Melitta Bentz der Kaffeefilter erfunden wurde. Sie bastelte diesen aus einem Löschblatt und einem Messingtopf, dessen Boden sie mit Nägeln durchlöcherte. Der Anfang meiner wunderbaren Maschine. Seitdem hat sich natürlich einiges geändert; doch trotzdem: Melitta, ich danke dir!

Vokabular ◆

mit etwas bedacht werden	to receive something
ausstellen	to switch off
genießen	to enjoy
aufkochen	to bring to the boil
gießen	to pour
der Messingtopf	brass pot
der Boden	bottom
das Löschblatt	sheet of blotting paper
durchlöchern	to make holes in

Zur Sprache ◆

Passive

The subject of a passive sentence is not the person or thing doing the action, but instead is the person or thing the action is being done to.

Active:

> **Oma und Opa verwenden häufig Großbuchstaben.**
> Granny and Grandpa use capitals a lot.

> **Die Maschine kochte den Kaffee in fünf Minuten.**
> The machine made the coffee in five minutes.

Ich kann täglich Musik aus dem Internet herunterladen.
I can download music from the internet daily.

Passive:

Großbuchstaben werden häufig verwendet.
Capitals are used frequently.

Der Kaffee wurde in fünf Minuten gekocht.
The coffee was made in five minutes.

Täglich kann Musik aus dem Internet heruntergeladen werden.
Music can be downloaded daily from the internet.

The passive is formed using the verb **werden** and the past participle of the main verb. You learnt about past participles in Unit 2. By changing the tense of the verb **werden**, you can use the passive in any tense. See the Grammar Summary for forms of **werden**.

Often it is not important in passive sentences who is carrying out the action. However, if you want to express this, you use **von** followed by the dative.

Der Kaffeefilter wurde von einer Dresdener Hausfrau erfunden.
The coffee filter was invented by a housewife from Dresden.

Exercise 14

In Text 4, find all occurrences of the passive and the subject of these sentences. Which are the infinitives of the past participles?

10 Unterwegs

In this unit you can learn about:

- ❱ driving in Germany
- ❱ talking about different modes of travel
- ❱ talking about mishaps occurring whilst travelling
- ❱ leaving a message on an answering machine
- ❱ the different uses of **werden**
- ❱ the pronunciation of diphthongs
- ❱ listening to authentic recordings

Exercise 1

Read Text 1 and find the German equivalent of the following expressions.

1 in order to do something, to take care of something
2 on public transport
3 to leave the house
4 commuting (between home and place of work)
5 education and training
6 to get around on foot
7 to get on the bus or train
8 to use a bike to get around

Text 1

Warum und wie sind Menschen unterwegs?

Warum sind wir unterwegs? Vor allem um einzukaufen und etwas zu erledigen. Durchschnittlich ist ein Mensch in Deutschland eine Stunde und 21 Minuten pro Tag unterwegs – entweder zu Fuß, mit dem Fahrrad, dem Auto, dem Motorrad oder öffentlichen Verkehrsmitteln. Gründe dafür, das Haus wenigstens einmal am Tag zu verlassen, zeigt diese Zeitbudgeterhebung. Von 100 Personen gingen danach 46 mindestens einmal außer Haus, um etwas für den Haushalt oder die Familie zu erledigen. 40 waren aus Freizeitgründen unterwegs. Erwerbstätigkeit – beispielsweise das Pendeln zwischen Wohnort und Arbeitsstelle – spielte bei 27 eine Rolle. Aus- und Weiterbildung war bei 8 ein Grund, das Haus mindestens einmal zu verlassen. Eine Person kann mehrfach aus verschiedenen Gründen das Haus verlassen, daher sind die genannten Werte nicht zu 100 aufaddierbar.

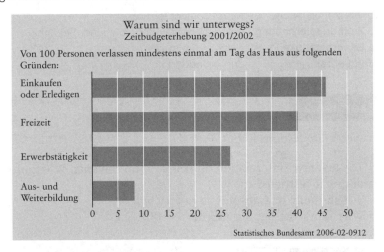

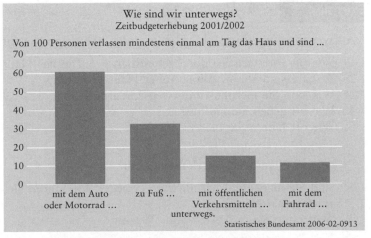

Wie sind wir unterwegs? Zwei Drittel aller Personen, die mindestens einmal am Tag das Haus verlassen, nehmen das Auto. Nach der Zeitbudgeterhebung verließen 61 von 100 Personen mindestens einmal am Tag das Haus, um mit dem Auto oder Motorrad unterwegs zu sein, 33 bewegten sich zu Fuß außer Haus, in den Bus oder die Bahn stiegen 15 von 100 und 11 waren mit dem Fahrrad unterwegs.

Source: Statistisches Bundesamt (2006) *Verkehr in Deutschland 2006*, pp. 28–9.

Vokabular ♦

aus Freizeitgründen	for reasons of leisure
die Zeitbudgeterhebung	a survey of how people spend their time
die Erwerbstätigkeit	gainful employment
aufaddierbar	can be added up

Exercise 2

Answer the questions about Text 1.

1   The text gives information on people's travel habits. What information is it restricted to?
2   Which mode of transport is not included?
3   Why don't the figures add up to 100?

Exercise 3   (CD2; 16)

a   Answer these questions about your travel habits in note form.

1   Wie oft verlassen Sie durchschnittlich pro Tag das Haus?
2   Warum sind Sie im Alltag außer Haus unterwegs?
3   Wie sind Sie meistens unterwegs? Warum?
4   Wie oft gehen Sie zu Fuß?
5   Wie oft fahren Sie . . .

   a   mit dem Fahrrad?
   b   mit öffentlichen Verkehrsmitteln?

6   Sind Sie manchmal beruflich unterwegs? Wie fahren Sie dann auf Geschäftsreise?
7   Wie reisen Sie in den Urlaub? Warum?

b   Now work with the recording, and answer similar questions.

Exercise 4

Things don't always go as planned when travelling. Match the English translations with the German phrases:

1	eine Panne haben	a	to change a tyre
2	einen Platten haben	b	to be/arrive late
3	sich verspäten/Verspätung haben	c	to have a puncture
4	ein Unwetter wütet	d	to tow away
5	im Stau stehen	e	to miss a connecting train
6	eine Reise stornieren	f	to notify
7	einen Reifen wechseln	g	to break down (vehicle)
8	einen Anschlusszug verpassen	h	to be caught in a traffic jam/queue of traffic
9	einen Flug absagen	i	to go to
10	abschleppen	j	a storm is raging
11	benachrichtigen	k	to cancel a flight
12	aufsuchen	l	to cancel a trip

Exercise 5

What happens when there is a mishap on holiday? Select a suitable option from the box below to complete the sentences using the passive. Different combinations are possible.

Beispiel:
Wenn wir einen Platten haben, . . . den Reifen wechseln
Wenn wir einen Platten haben, wird der Reifen gewechselt.

Remember: in the passive sentence **Reifen** is the subject and has to be in the nominative.

---

die Reise stornieren   das Konsulat aufsuchen
das Auto abschleppen   das Auto überhitzen
die Versicherung benachrichtigen   die Unfallwagen abschleppen
die Anschlusszüge verpassen
das Flugzeug verpassen   den Flug absagen
die Polizei benachrichtigen

---

1 Wenn das Auto eine Panne hat, ...
2 Wenn sich der Reisende verspätet, ...
3 Wenn ein Unwetter wütet, ...
4 Wenn man im Stau steht, ...
5 Wenn es einen Unfall gibt, ...
6 Wenn Züge Verspätung haben, ...
7 Wenn ein Mitreisender krank ist, ...
8 Wenn das Reisegepäck am Flughafen nicht ankommt, ...
9 Wenn jemand seinen Reisepass verliert, ...
10 Wenn jemandem die Handtasche gestohlen wird, ...

Exercise 6

Now write the same sentences in the imperfect. Remember when talking about past events you use **als**.

Zur Sprache ♦

Uses of the verb **werden**

So far you have met two uses of the verb **werden**; to form the passive:

Das Auto wird heute repariert. The car is being repaired today.

and to form the future tense:

Wir werden gemeinsam in die Schweiz fahren. We will go to Switzerland together.

However, the verb can also mean 'to become' or 'to get'. Here, it indicates a change:

Max macht eine Ausbildung. Er wird Reiseverkehrskaufmann. Max is doing an apprenticeship. He is training to become a travel agent.

Mir wird jetzt kalt, können wir zurück in die Ferienwohnung gehen? I am getting cold now, can we go back to the holiday flat?

| Er wird groß. | He is growing tall. |
| Das muss anders werden. | This has to change. |

Exercise 7

Translate the following sentences into English:

1 Diese Schülerinnen und Schüler der Berufsschule werden alle Reiseverkehrskaufleute. Sie werden nächstes Jahr ihre Prüfung machen.
2 Die Wellen werden immer höher, vielleicht wird jemand seekrank. Sieh mal, Marius wird schon ganz blass.
3 Mir wird hier zu heiß, ich werde mich ins Hotel zurückziehen. Dort wird mir bestimmt ein kühles Getränk serviert.
4 Luisa und Ralf sind beide dieses Jahr 40 geworden. Statt einer Party werden sie eine lange Auslandsreise machen.
5 Susis Handtasche mit Geld, Kreditkarten und Reisepass wurde gestohlen. Was soll nun aus ihr werden?

Wissen Sie das schon?

Travelling on German roads and motorways

German motorways, **Autobahnen**, are famous for not having a speed limit, **eine zulässige Höchstgeschwindigkeit**. However, there are now many stretches with speed restrictions, **Geschwindigkeitsbegrenzungen**. There is also a recommended speed, **Richtgeschwindigkeit**, of 130 km/h. The motorways all have blue signs with white writing and a number preceded by an A, e.g. the A1 goes from near Cologne to the Baltic coast, and the A2 from the Ruhr area to Berlin.

In addition, there are **Bundesstraßen**. Their signs are yellow with black writing, and they all have numbers such as B1, B22, etc. Here the speed limit is normally 130 km/h.

On all other roads, the speed limit is generally 100 km/h, except in a town or village. There it is 50 km/h, which comes into force as soon as you pass the **Ortsschild**, place name sign.

School holidays are staggered in the different **Bundesländer** to avoid at least some overcrowding on the big roads. In some **Bundesländer** this varies from year to year. A calendar of school holidays is published well in advance, and can be found on http://www.schulferien.org.

Exercise 8

Match the words with the correct definition or synonym.

1 der Ferienanfang
2 die Staugefahr
3 die Dauerbaustelle
4 die Fahrstreifenreduzierung
5 der Augenblick
6 die Hauptreisestrecke
7 die Trockenheit
8 der Treffpunkt
9 erfahrungsgemäß
10 ADAC (Allgemeiner Deutscher Automobil-Club)
11 die Sanierung

a Situation, in der es zu einem Stau kommen kann
b hier gibt es weniger Fahrspuren als gewöhnlich
c Urlaubsbeginn
d Moment
e Wiederherstellung, Restauration
f Ort, an dem auf längere Zeit gebaut wird
g es ist bekannt, dass
h Zeit ohne Regen
i Ort, an dem man sich trifft
j Route, auf der besonders viel gereist wird
k größter deutscher Autofahrerverband

Autobahnkreuz

Exercise 9 (CD2; 17)

When two vowels come together they are sometimes both pronounced, as **ie** in **Familie**, but sometimes a new sound is created. This is a diphthong. The letter combinations that form diphthongs in German are presented in the table below and their pronunciation is demonstrated on the recording. Listen to the words and write them down in the correct column. Some words might need to be listed in two columns, as they contain more than one diphthong.

au	*eu/äu*	*ei/ai/ay/ey*	*no diphthong*

Lerntipp ♦

Listening to authentic speech and recordings

Listening to authentic recordings can help to prepare you to deal with hearing real spoken German. Authentic recordings can be as fast as real speech and listening to them gives you the chance to experience a range of different voices. They also allow you to replay the message and get used to it gradually, which you might not be able to do in real life.

There are a number of situations, where you would want to have a good understanding of what is being said, e.g. when hearing public announcements or travel news. In such cases, it is worth knowing how to listen out for relevant details, because in real life you wouldn't have time to understand it all. Understanding the gist helps you to decide if you should get further details elsewhere, e.g. if you hear a radio bulletin on traffic jams but are unsure whether they concern you, or whether it might be worth looking up more information on the internet.

Exercise 10 (CD2; 18)

Now listen to a radio programme summarising the traffic prognosis for the beginning of the school summer holidays in Nordrhein-Westfalen. Which motorways are mentioned, e.g. A1?

Exercise 11 (CD2; 18)

Listen to the recording again and fill in the table.

Issues mentioned	*on motorway number/s*
big motorways with a risk of traffic jams	
places where several motorways meet, e.g. motorway around Köln	
permanent building sites	
restoration of Rhine bridge near Rhodenkirchen	

Exercise 12 (CD2; 18)

Listen once more and answer these questions on the detail:

1 What does the number 49 refer to?
2 Why do some road works have to be carried out in the summer?
3 What tips are given for avoiding traffic jams?

Zur Sprache ♦

Leaving a voice message

Here are some phrases you can use to leave a voice message, **eine Nachricht hinterlassen**, on an answering machine, **auf einem Anrufbeantworter**, or in the mailbox of a mobile phone, **in der Mailbox eines Handys**.

Dies ist eine Nachricht für **Frau/Herrn Sommer.**
This is a message for Ms/Mr Sommer.

Können Sie ihm/ihr bitte ausrichten, dass ich morgen ankomme?
Could you please tell him/her, that I am arriving tomorrow?

Würden Sie mich bitte zurückrufen?
Would you please call me back?

Sie können mich jederzeit unter der Nummer **02369 – 182374/**
auf meinem Handy erreichen.
You can reach me any time on the number . . . /on my mobile.

Auf Wiederhören.
Goodbye (on the phone).

When calling an answering machine or mailbox you are likely to
hear something like this:

Dies ist der automatische Anrufbeantworter der Firma **Borgers**
GmbH.
This is the automatic answering machine of the Borgers GmbH
company.

Dies ist der Anschluss der Familie **Reimann.**
This is the Reimann family's phone.

Wir sind im Moment leider nicht zu erreichen.
We're sorry we can't come to the phone at the moment.

Der Mobilanschluss . . . ist zur Zeit leider nicht zu erreichen.
The person you have called is unfortunately not available.

Hinterlassen Sie bitte eine Nachricht nach dem Signalton.
Please leave a message after the tone.

You might like to listen to examples of these phrases in the answer
phone messages at the end of Unit 7.

Exercise 13 **(CD2; 19)**

Listen out for the above phrases in a message to a company giving the final details for a business trip and answer the questions
below.

1 Wer hat die Nachricht hinterlassen?
2 Wann kommt diese Person an?
3 Wie wird sie vom Flughafen weiterreisen?
4 Welche Frage hat sie noch?
5 Wie kann man sie erreichen?

Exercise 14 (CD2; 20)

Now it is your turn to leave messages. You might like to record yourself. In preparation you could look back at Unit 5 to remind yourself how to talk about dates and times in German.

a Leave a message on a friend's voicemail:
   You are Susanne Kleine; Manfred and you will be arriving on the Intercity from Berlin, on Friday 31st July, at 19.27. Can they pick you up from the station? You're available on your mobile phone any time.
b Leave a message with a hotel:
   You are Norbert Seifert; you and your family will be arriving as booked on Saturday 15th March, arriving by train, at 14.55 in Bad Simmbach. Are there taxis at the station? Phone number: 02577 984932, available in the mornings.

Exercise 15

Now write a letter of about 150 words in German to a friend telling them about a holiday full of mishaps and their consequences. You can use words and ideas from this unit or your own ideas. Write in the past and use some passive forms.

11 Aktuelles

In this unit you can learn about:

▸ local and national political issues
▸ childcare in east and west Germany
▸ attitudes towards German unification
▸ describing how things could or should be
▸ using **würd-**
▸ **Doppelkonjunktionen**
▸ giving an oral presentation

Exercise 1

Read Text 1 and say in one or two sentences what the gist is of the flyer.

Text 1 (CD2; 21)

Unser Stadtteil braucht einen Ganztagskindergarten!

Seid ihr berufstätig?
Habt ihr Kinder?
Möchtet ihr wissen, dass eure Kinder sicher aufgehoben sind?

Wenn **ja**, ist das Folgende für euch relevant.

Wir fordern einen Ganztagskindergarten, denn immer weniger Familien können es sich leisten, dass ein Elternteil zu Hause bleibt und die Kinder erzieht. Immer mehr Mütter oder Väter sind alleinerziehend. Wir müssen wissen, dass unsere Kinder nicht nur vormittags sondern auch nachmittags gehütet werden. In Ostdeutschland gab es immer schon Ganztagskindergärten, hier im Westen sind wir hinterher.

Unsere Kinder brauchen eine zuverlässige Ganztagsversorgung!

- Wir müssen die Stadt davon überzeugen, dass der jetzige Stand der Kinderbetreuung im Nordviertel unzureichend ist.
- Wir müssen beweisen, wie viele Familien, wie viele Kinder eine Ganztagsbetreuung brauchen.
- Wir müssen unseren MitbürgerInnen bewusst machen, dass eine Lösung gefunden werden muss. Eine Lösung für alle Familien.

Diese Lösung ist ein neuer Kindergarten, in dem unsere Kinder von 8.00 bis 18.00 verwahrt werden. Wir brauchen gut ausgebildete und erfahrene Erzieherinnen.

Wir brauchen das und unsere Kinder sind es wert!

Die Bürgerinitiative „Ganztagskindergarten – Recklinghausen Nord" bittet euch: Macht bei uns mit!

Vokabular ◆

sicher aufgehoben sein	to be in safe hands
fordern	to demand
alleinerziehend	bringing up a child on one's own
die Stadt	here: town council
hüten/verwahren	to look after
die Bürgerinitiative	citizens' initiative, action group

Im Kindergarten

Exercise 2

Re-read Text 1 and answer the questions.

1 Wer soll die Informationen lesen?
2 Welche Gründe gibt es, warum der neue Kindergarten nötig ist?
3 Wo gibt es schon lange solche Kindergärten?

Wissen Sie das schon?

Kinderbetreuung

In the former GDR there was almost full employment, resulting in a very high proportion of working mothers. In the old FRG many mothers were full-time housewives. These contrasting models resulted in very different forms of childcare provision. Mothers in the GDR were able to put their children into affordable nurseries when they returned to work after their maternity leave. Mothers in the FRG were less likely to return to full-time work, and there was less childcare provision. After unification full-time childcare in the east remained the norm. In the west women were less likely to work full-time, and if they did, then they were more likely to make private arrangements and perhaps employ a **Kinderfrau**, a nanny, or a **Tagesmutter**, a child-minder, or pay for a private nursery place.

In Germany all children over the age of four are entitled to a place in a **Kindergarten**, but in the west most **Kindergärten** close at lunch time, whereas in the east they will give the child a hot meal and remain open in the afternoon. Many schools across Germany finish their school day at lunch time. In some areas, particularly in eastern Germany, a **Schulhort** provides afternoon childcare. Many women have moved from the east to the west following employment opportunities, but they have been brought up to expect to work full-time as their mothers did, and to expect to be able to access all-day childcare. An extended school day, or the offer of a **Schulhort**, is slowly becoming more common across Germany.

Zur Sprache ◆

Talking about how things could or should be

In all of these sentences apart from the last one, you can see that there's a verb in the conditional or past subjunctive. This verb form is useful for saying how things could or should be.

Die Stadt sollte das besser im Griff haben.	The town council should have things better under control.
Wir müssten etwas dagegen machen.	We really must do something about it.
Man sollte einfach eine Lösung finden.	A solution should simply be found.
Ich wünschte mir, es gäbe mehr Altersheime.	I wish there were more old people's homes.
Man könnte bestimmt mehr gegen Verkehrsprobleme machen.	(Surely) more could be done to sort out traffic problems.

Exercise 3 (CD2; 22)

You will hear people talking about some issues. Choose which of the responses from **Zur Sprache** you can use to respond to the issue you'll hear.

Zur Sprache ◆

How to say 'I would' in German

In Unit 8 you learnt how to use modal verbs in the conditional or past subjunctive. You learnt that you take the imperfect form of the verb and add an umlaut to the vowel. This is true for two other useful verbs: **haben** and **sein**.

ich hatte → ich h**ä**tte I would have
ich war → ich w**ä**re I would be

The verb then follows the same pattern as **hatte** and **war** in the imperfect but with an umlaut. This too is true for the verb **werden**. You can find these verb forms in the Grammar Summary.

ich wurde → ich würde

Ich würde roughly means 'I would'.
To this you can add an infinitive and then you can say what you would do.

Ich würde einen neuen Kindergarten gründen.	I would set up a new kindergarten.

As you can see, **würd-** is the second idea in the sentence, and the infinitive is at the end.

Wenn die Stadt mehr Geld hätte, würde man bessere Alternativen bieten.
If the town had more money, it would offer better alternatives.

Notice here that the two clauses **Wenn die Stadt mehr Geld hätte** and **würde man bessere Alternativen bieten** are joined in the middle with a comma. In order to help you to remember the word order and punctuation, try to remember 'verb comma verb'.

	verb	*comma*	*verb*	
Wenn die Stadt mehr Geld	**hätte**	**,**	**würde**	**man bessere Alternativen bieten.**

Exercise 4

Complete these sentences by putting the words in brackets into the correct order, and adding any punctuation needed.

1 Wenn ich nicht vollzeit arbeiten würde (ich/würde/Ganztags-kindergarten/brauchen/keinen)
2 Wenn hier nicht genug Kindergartenplätze wären (anstellen/eine/würden/wir/Kinderfrau)
3 Wenn ich meine Arbeit aufgeben würde (unglücklich/ich/wäre/sehr)

4 Wenn ich bessere Aufstiegschancen hätte (neue/suchen/Stelle/würde/ich/keine/mir)
5 Wenn es die Möglichkeit gäbe (ich/würde/mich/politisch/engagieren)
6 Wenn ich in meinem Stadtteil aktiver wäre (sich/lohnen/es/würde)

Wissen Sie das schon?

Newspapers

Many people in Germany buy a daily newspaper, **Tageszeitung**; this may well be a regional or local newspaper, **Lokalzeitung.** Many people in Recklinghausen, for example, buy the **Recklinghäuser Zeitung** or the Recklinghausen edition of the **WAZ** (**Westdeutsche Allgemeine Zeitung**). Many towns offer a couple of local papers. These cover national and international news, but not in as much detail as a national newspaper, **überregionale Zeitung,** covering the whole of Germany, such as the **Frankfurter Allgemeine Zeitung** or the **Süddeutsche Zeitung.** These papers are read more widely than their titles suggest. The tabloid newspaper **Bild** is very popular across the whole of Germany. There are also weekly papers, **Wochenzeitungen,** such as **Die Zeit.** Also popular are magazines, **Zeitschriften,** covering political and current affairs as well as culture. The political magazine **Der Spiegel,** for example, is well regarded. **Focus** and **Der Stern** present a wide range of topical stories in an accessible way.

Exercise 5 (CD2; 23)

Listen to the audio extract. Decide which one of the following sentences best describes the gist of the discussion.

1 Jasmin Feldmann und Herr Wulff besprechen seine Arbeit als Journalist.
2 Jasmin Feldmann und Herr Wulff sprechen über Zeitungen und Wochenzeitschriften.
3 Jasmin Feldmann und Herr Wulff sprechen über die Rolle der neuen Medien.
4 Jasmin Feldmann und Herr Wulff reden über regionale und überregionale Zeitungen.

5 Jasmin Feldmann und Herr Wulff diskutieren die Rolle von Schülerzeitschriften.
6 Jasmin Feldmann fragt Herrn Wulff, wie sie Journalistin werden kann.

Wissen Sie das schon?

When to change from **du** to **Sie**

In the interview, Herr Wulff uses **Sie** to talk to Jasmin Feldmann, and he calls her Frau Feldmann. This is polite and even though she is still at school, he is recognising her as a young woman rather than a girl. Young people in eastern Germany are generally addressed as **Sie** at 14 or 15 after they've taken part in the **Jugendweihe**, a ceremony common in the east of the country, marking the end of childhood. In western Germany young people are addressed as **Sie** once they finish year 10.

Exercise 6 (CD2; 23)

Listen again to the discussion. Find the German for these words and expressions.

1 in your e-mail
2 a talk at school/college/university
3 the press
4 a local newspaper
5 reports about national and international politics
6 town events and culture
7 local section
8 to appear
9 more extensive

Zur Sprache ◆

Doppelkonjunktionen

In German expressions such as 'either ... or', 'neither ... nor' are called **Doppelkonjunktionen**, because there are two parts to them.

In Deutschland kaufen viele *entweder* eine regionale *oder* eine überregionale Zeitung.
In Germany many people buy *either* a regional *or* a national newspaper.

Einerseits wollen unsere Leser wissen, was in Deutschland und der Welt passiert, *andererseits* kaufen sie eine regionale Zeitung.
On the one hand our readers want to know what is happening in Germany and the world, *on the other hand* they buy a regional newspaper.

Ein Bericht über z.B. eine Bundestagswahl würde *sowohl* in einer regionalen *als auch* in einer überregionalen Zeitung erscheinen.
A report about, for example, national elections would appear in *both* regional *and* national newspapers.

Ich glaube, dass viele Leute in Zukunft *weder* eine regionale *noch* eine überregionale Zeitung kaufen.
I think that in the future many people will buy *neither* a regional *nor* a national newspaper.

Die Berichte sind *zwar* interessant, *aber* der internationale Aspekt fehlt.
It's true the articles are interesting, *but* the international aspect is missing.

Note that you need a comma before **aber** when it means 'but'.

Exercise 7

Add the expression in brackets to link the ideas in the sentences better. You may need to change the sentences, omitting some words or changing the order of others.

1 Manche Leute interessieren sich nicht für Politik und auch nicht für die Wirtschaft. (weder . . . noch)
2 Ich will wissen was in der Welt passiert. Ich bin vielen Politikern gegenüber ziemlich zynisch eingestellt. (einerseits . . . andererseits)
3 Ich lese jeden Tag Zeitung. Ich schaue Nachrichten im Fernsehen. (nicht nur . . . sondern auch)
4 Nachrichten im Fernsehen sind wichtig. Der Inhalt ist manchmal ein bisschen oberflächlich. (zwar . . . , aber)

5 Ein neuer Kindergarten wäre für Familien und für Arbeitgeber
   vorteilhaft. (sowohl ... als auch)
6 Sich im Internet zu informieren geht schnell. Man muss sich fragen,
   ob die Informationen immer stimmen. (einerseits ... andererseits)
7 Um mich zu informieren, ist es wichtig zu wissen, was in der
   Welt passiert und was in der eigenen Stadt los ist. (sowohl ... als
   auch)

Text 2

Deutsche Einheit – Was wir dazu denken

Franziska Hendriok

*Wie haben Mitbürger die Wende im Osten erlebt? Wir fragten nach
ihren Erinnerungen. Ihre Antworten sind sowohl politisch als auch
persönlich.*

Manche waren damals neugierig, manche ängstlich, manche
glücklich. Alle haben ein neues Deutschland kennen lernen müssen.
Hier lesen Sie, wie Mitbürger aus der ehemaligen DDR die Wende
erlebten, bzw. die Auswirkungen der Vereinigung heute noch sehen.

Man hatte gar nicht mit dem Fall der Mauer gerechnet. Das kam
überraschend. **Wolfgang Hoffman** reiste sofort in die naheliegenden
Dörfer auf der anderen Seite der Mauer.

In den ersten Jahren nach dem Fall der Mauer entdeckte der
Journalist **Karlheinz Beck** neue Möglichkeiten bei der Themenwahl.
Er konnte endlich selbst seine Themen wählen.

Deutschland müsste seine innere Einheit wiederfinden, so **Luise
Biedenkopf**. Deutschland ist zwar *ein* Land, aber doch noch sehr
unterschiedlich. Leider gibt es immer noch keine Gleichberechtigung.

Monika Bötsch traf ihren jetzigen Ehemann im Zug, als sie zum
ersten Mal in den Westen fuhr – ein besonderer Tag für die beiden.
Was ist für sie ihre wichtigste Erinnerung an die DDR? Alle Menschen
waren gleichberechtigt.

Birgit Stumpfe wollte die DDR nicht verlieren. Sie wollte aber
eine demokratische DDR. Es war für sie ein ziemlicher Schock,
dass für viele Leute der Kapitalismus Arbeitslosigkeit bedeutete.
Die Wirtschaft müsste ihrer Meinung nach menschlicher handeln.
Man bräuchte wieder mehr soziales Engagement.

Das Gemeinschaftsgefühl in der DDR schätzt man im Nachhinein. Das Jahr 1989 brachte für **Werner Thoma** den Anfang der Arbeitslosigkeit in Ostdeutschland. Herr Thoma sieht die Vereinigung Deutschlands von daher als erfreuliches und zugleich dramatisches Ereignis. **Jürgen Seite** erlebte die Wiedervereinigung als Kind. Die Politik war ihm zwar nicht sehr wichtig, er freute sich aber, seine Großeltern besuchen zu können. Sie waren erst ein Jahr zuvor in den Westen gezogen. Das Ende der DDR bedeutete für **Heidi Spranger** Freiheit. Freiheit war möglich. Man konnte sich endlich frei entfalten. Sie studierte daher an der Universität Politik.

Dass die Mauer gefallen war, erfuhr **Peter Maschadow** beim Mittagessen und zwar über das Radio. Er erinnert sich noch gut an seine erste Fahrt in den Westen und wie komisch es war, dass man Erdbeeren im November kaufen konnte. Vieles findet er zwar heute gut, aber manches vermisst er, zum Beispiel den sozialen Zusammenhalt der DDR. Damals wie heute sieht er in der Wiedervereinigung positive und negative Aspekte.

Vokabular ♦

der **Mitbürger**	fellow citizen
die **Wende**	political changes around unification
bzw. **beziehungsweise**	or rather/that is to say
die **Auswirkungen der Vereinigung**	the consequences of unification
die **Mauer**	(Berlin) Wall
sich mit etwas **auseinandersetzen**	to have a good look at something/ come to terms with something
die **Gleichberechtigung**	equal rights/opportunities
das **Gemeinschaftsgefühl**	sense of community
im **Nachhinein**	in retrospect
die **Wiedervereinigung**	re-unification
der **soziale Zusammenhalt**	social cohesion/solidarity

One of the few sections of the Berlin Wall left standing

Wissen Sie das schon?

Arbeitslosigkeit

One of the consequences of German unification was high unemployment in the east. From a pre-**Wende** situation of almost full employment, even though economically unviable, many of the **neue Bundesländer** suffered the loss of thousands of jobs. This was very unexpected in the east. People had not experienced fluctuating employment and unemployment before so couldn't imagine what unemployment meant. Many people over 40 had to face the likelihood of never finding work again.

The exchange rate from the old **Ostmark** to the **Deutsche Mark** was economically unviable, with the result that the eastern markets in countries such as Romania or Poland found German products too expensive. Previously nationalised businesses were sold or disposed of by the **Treuhand**, the organisation which was supposed to sell them to private entrepreneurs, but which in practice failed to protect jobs for East German workers. Even today unemployment remains higher in the east. Many job seekers have migrated towards the west in the search for employment.

Exercise 8

a   Read Text 2 and note people's responses under the headings.

Positive response	Mixed response	Negative response
Wolfgang Hoffman – was able to travel to the West. *Karlheinz Beck* – was able to choose what he wanted to write about.		

b   Are you surprised by any of the responses, or are people saying what you would have expected them to say?

Exercise 9

Practise using sentences in the imperfect and using **zu** plus the infinitive.

Beispiel: **Wolfgang Hoffman – sich freuen – in den Westen fahren**
Wolfgang Hoffman freute sich, in den Westen zu fahren.

1   Birgit Stumpfe – traurig sein – DDR verlieren
2   Jürgen Seite – sich freuen – seine Großeltern besuchen – können
3   Heidi Spranger – entscheiden können – Politik studieren
4   Monika Bötsch – glücklich sein – ihren Mann kennen lernen – aber – Schade finden – dass – Menschen nicht mehr gleichberechtigt sein
5   Peter Maschadow – komisch finden – im November Erdbeeren kaufen.
6   Karlheinz Beck – glücklich sein – Themen selbst wählen – können

Lerntipp ◆

Your notes

If you have to write an essay or give an oral presentation then it's important that you start by ordering your ideas. Jot down what you think are the key points related to the topic. Use these as headings to gather ideas. Try to find useful German phrases and expressions which you will be able to use. Make notes in German from the start. This means you'll choose topics you can talk about in German. If you make notes in English and translate them, you are likely to make mistakes. Working in German from the beginning means you avoid this. Whenever possible use language and structures you have learnt in the course, and then only use your dictionary to look up important words you really need.

If you're giving an oral presentation, it's a good idea to speak just from brief notes, rather than to write the presentation out in full and then read it out. Speaking from notes means you sound more natural and also will find it easier to look at the person or people listening to you.

Exercise 10

Re-read Texts 1 and 2, and also the cultural information on **Kinderbetreuung** and **Arbeitslosigkeit**. Make notes in German on what you've learnt about some of the positive and negative effects of German unification.

Zur Sprache ♦ 🔊 (CD2; 24)

Giving an oral presentation

You'll probably find it worth learning a few useful phrases to help you structure your talk or **Referat**.

You can introduce your topic:

Guten Tag, heute spreche ich über . . .	Hello, today I'm going to talk about . . .
Einleitend möchte ich sagen . . .	I'd like to start by saying . . .
Das Thema meines Referats ist . . .	The subject of my talk (in an educational institution)
Mein Vortrag handelt heute von . . .	My talk (in a non-educational setting) today is about . . .
Heute geht es um . . .	Today I'm going to talk about . . .

Then you can give the main content of your talk. You could present your points saying:

Erstens, zweitens, drittens ...   Firstly, secondly, thirdly ...

A good presentation is always concluded well. Here you will briefly summarise your main points, draw conclusions and perhaps outline what questions your work raises.

Zum Schluss möchte ich die Hauptpunkte nocheinmal erwähnen.	To finish I'd like to reiterate the key points.
Abschließend ...	To finish ...
Hieraus kann man folgern, dass ...	From this we can conclude ...
Ich möchte noch ... erwähnen.	I'd also like to mention ...

You can practise these phrases using the audio recording.

Exercise 11   **(CD2; 25)**

Give a brief oral presentation with the title: **Deutsche Einheit – positiv oder negativ?** Use some of the expressions you've just learned. Base the content of the short talk on your notes from Exercise 10. You might like to record yourself and then play back the recording. Compare your version to the one on the audio recording accompanying this book.

12 Kultur

Exercise 1

Before listening to the extract, match the English and German terms.

die Kunst	museum exhibition
die Kunstgeschichte	museum visitors
die Kunstvermittlung	interpreting art for visitors
das Museum	museum
die Museumspädagogik	art
der/die Museumskurator/in	museum studies
Museumsbesucher (pl.)	object in a museum
das Museumsobjekt	art history
die Museumsausstellung	museum collection
die Museumssammlung	museum curator

Zur Sprache ◆

Compound nouns

In Exercise 1 you can see examples of compound nouns. The first noun **Kunst-** or **Museum-** gives you a clear idea of what the word is related to. The second noun establishes what the word actually is, and it also determines the gender. Sometimes the letter **s** is inserted between the two parts of the compound noun. If you look up in a dictionary words beginning with **Schul-**, **Familie-** or **Arbeit-**, you'll find many more examples of related word groups.

Exercise 2  (CD2; 26)

Listen to Frau Graf talking about her career development. Decide which statements are true and which are false. Correct the false statements.

1 Sie arbeitete früher in einem Museum für Technik. Sie war Museumskuratorin.
2 Sie studierte Kunst und Geschichte.
3 Während des Studiums verbrachte sie ein Jahr in New York.
4 Sie promovierte in Zürich.
5 Sie arbeitete ein Jahr in Basel bevor sie nach Linz in Österreich zog.
6 Sie arbeitete mehr als zehn Jahre in Linz.
7 Die Kunstvermittlung fand sie nicht besonders interessant.
8 Jetzt unterrichtet sie Museumspädagogik an der Universität in Klagenfurt.

Exercise 3  (CD2; 26)

Listen again to the audio extract. What do you learn about the Lentos museum in Linz? Make some notes under the following headings:

1 die Lage
2 die Architektur
3 die Sammlung des Museums
4 Werke von berühmten Künstlern

Lentos am Donauufer

Zur Sprache ♦

Talking about places

If you want to talk about something that happened in, or is based in, a country, town or village then you use the preposition **in**.

The dative is needed here, because it refers to things in a place.

> **Frau Graf arbeitete in *einem* Museum in Linz in Österreich.**
> Frau Graf used to work in a museum in Linz in Austria.

A few countries such as **die Schweiz, die Türkei** and **die USA** are always talked about with the definite article. Please note **die USA** is plural.

> **Frau Graf studierte in der Schweiz und in den USA. Sie arbeitet aber in Österreich.**
> Frau Graf studied in Switzerland and in the USA. However, she is working in Austria.

If you want to say you are going to a country, town or village which takes a definite article you say

> **Ich fahre in die Schweiz.**   I'm going to Switzerland.

The accusative here after **in** indicates movement to a place. It is also often used to show you are going into a building.

Wir gehen heute Abend ins Kino.	We're going to the cinema this evening.
Willst du mit mir ins Theater gehen?	Do you want to go to the theatre with me?
Gehst du gern in die Oper?	Do you like going to the opera?

When you're going to any other country or to towns, cities or villages, you use **nach**.

Ich fahre nach Deutschland.	I'm going to Germany.
Ich fliege nach Stuttgart.	I'm flying to Stuttgart.

A more general word for 'to' is **zu**. **Zu** always takes the dative. When you're going *to* a building, some sort of institution or an event you use **zu**. Although **zu** (+ dat.) and **in** (+ acc.) are sometimes used interchangeably, there are some differences. Take note of these as you come across them in your learning.

Ich möchte zu den Wiener Festwochen.	I'd like to go to the Viennese festival.
Ich gehe zu einer Konferenz in Frankreich.	I'm going to a conference in France.

Exercise 4

Complete the sentences by filling in the missing preposition and any definite or indefinite articles which are needed.

1 Ich habe _____ Wien studiert und bin sehr oft _____ Oper gegangen.
2 Ich interessiere mich sehr für die Natur. Fahren wir doch _____ Österreich.
3 _____ Staatsgalerie ___ Stuttgart findet man wunderbare moderne Kunst.
4 Nächste Woche fliegen wir _____ New York. Dort will ich _____ Guggenheim Museum gehen.
5 Ich interessiere mich für Kunst, deswegen fahre ich morgen _____ Lentos Museum für moderne Kunst ___ Linz _____ Österreich.

6   Ich habe auf einer Homepage gelesen, dass es _____ Düsseldorf
    ein Museum über den Dichter Heinrich Heine gibt.
7   Sollen wir _____ Athen fliegen? Ich möchte _____
    Archäologische Nationalmuseum gehen.

Text 1

Heinrich-Heine-Institut, Landeshauptstadt Düsseldorf

Mit seinen Archiv- und Bibliotheksbeständen ist das Heinrich-Heine-
Institut der nordrhein-westfälischen Landeshauptstadt Düsseldorf ein
Zentrum der internationalen Heine-Forschung. Das Museum des
Instituts wendet sich an Besucher mit der Ausstellung „Heinrich
Heine. Nähe und Ferne". Das Heine-Museum ist weltweit das einzige
Museum für den 1797 in Düsseldorf geborenen Dichter Heinrich
Heine. Hier werden Leben und Werk des Dichters anschaulich
vermittelt: seine Kindheit in Düsseldorf, seine Studienjahre in Bonn,
Berlin und Göttingen, sein Exil in Paris und vor allem das sozial-
kritische Engagement, das sich in seinen literarischen Texten
ausspricht.

Ein regelmäßiges Veranstaltungsprogramm bezieht sich auf die
Bestände von Archiv und Bibliothek, informiert über den Stand der
Forschung, begleitet die Sonderausstellungen und bietet ein Forum
der kritischen Literaturvermittlung und -diskussion.

Die eigentliche Heine-Ausstellung beginnt mit dem Raum
„Düsseldorf". In dieser Stadt wurde Heine 1797 auf der Bolker
Straße geboren; er verlebte seine Kindheit und Schulzeit mitten
in der heutigen Düsseldorfer Altstadt. Die Besucher finden
Erinnerungsstücke an das Geburtshaus auf der Bolker Straße,
an die Schulzeit im ehemaligen Franziskanerkloster (neben der
heutigen Maxkirche) und an ein politisches Ereignis, das den jungen
Heine sehr beeindruckte: Napoleons Einzug in Düsseldorf am 3.
November 1811.

1820–1831: Heine studierte Jura in Bonn, Berlin und Göttingen,
unternahm einige Reisen in Europa und hatte erste Erfolge mit seinen
literarischen Veröffentlichungen. Zwei Hochvitrinen stellen diese
ersten Publikationen vor: die „Reisebilder" – gesellschaftskritische
Prosa und das „Buch der Lieder" – frühe, liedhafte Gedichte. In

zwei weiteren Hochvitrinen werden wichtige Begegnungen des jungen Heine vorgestellt: sein Besuch bei den Varnhagens in Berlin und seine Audienz bei dem Dichterfürsten Goethe in Weimar, über die Heine selbst später nur äußerst distanziert und in ironischem Ton berichtete.

Im Frankreich Raum werden die knapp 25 Lebensjahre des Dichters in Frankreich vorgestellt, von der Übersiedlung nach Paris im Mai 1831 bis zu seinem Tod am 17. Februar 1856. Privates, literarisches und öffentliches Leben sind dabei gleichermaßen berücksichtigt. Dokumente zu Heines persönlichen Lebensumständen berichten von seiner Frau Mathilde und von seiner Zeit der Krankheit. Die literarische Arbeit wird durch Publikationen dokumentiert, wobei „Deutschland. Ein Wintermärchen" als zentrales Werk politischer Dichtung und der Auseinandersetzung mit Deutschland vorgestellt wird.

Im Hamburger Raum lernen Besucher, wie Hamburg Heines Bezugspunkt in Deutschland wurde, während er in Paris lebte. Hier lebten inzwischen seine Mutter und seine Schwester und auch sein Onkel, der Bankier Salomon Heine, der als Mäzen den Dichter-Neffen in Paris lebenslang finanziell unterstützte.

Adapted from http://www.duesseldorf.de/heineinstitut/institut/index.shtml accessed 28.9.07

Vokabular ◆

Archiv- und Bibliotheksbestände	archive and library collection
der Dichter	poet
anschaulich	vivid
das Veranstaltungsprogramm	programme of events
verleben	to spend (time)
das Ereignis	event
beeindrucken	to impress
der Einzug	entry
Jura studieren	to study law
der Erfolg	success
die Veröffentlichung	publication
die Hochvitrine	display case
liedhaft	lyrical

der Dichterfürst	prince among poets
berücksichtigen	to take into consideration
die Dichtung	poetry/literature
die Auseinandersetzung	debate/critical discussion
der Bezugspunkt	point of reference
der Mäzen	sponsor
unterstützen	to support

Exercise 5

Read Text 1 and answer the questions about Heine's life and works.

1 a Wo wurde Heine geboren, wo ging er in die Schule und auf die Universität?
  b In welchem Land lebte er im Exil?
  c Welche Werke Heines werden genannt?
  d Was wird über Heines Familie erzählt?

2 Welche Adjektive werden benutzt, um Heine und seine Werke zu beschreiben?

Exercise 6

Re-read Text 1 and find the German for these expressions describing the museum.

1 archive and library collections
2 a centre for international research on Heine
3 the exhibition 'Heine near and far'
4 the only museum in the world
5 vividly presents
6 a regular programme of events
7 temporary exhibitions
8 considered to the same extent
9 documented through publications

Exercise 7

Re-read Text 1 and read Text 2. Match the missing information to the relevant date.

schrieb sich für Jurastudium in Bonn ein
Reisen nach Deutschland   Einzug Napoleons in Düsseldorf
zog nach Paris wegen politischer Anfeindung
der Heine bis zu seinem Tod finanziell unterstützte

Text 2

Heinrich Heine

Geb. 1797 Düsseldorf gest. 1856 Paris
Bedeutender Dichter und Journalist, letzter
Dichter der Romantik, jüdischer Herkunft,
politisch engagiert, Außenseiterolle prägte
sein Leben

1803–14	Schule – verlies Schule ohne Abschluss – sollte sich auf einen kaufmännischen Beruf vorbereiten
1811	1 _____ -- deshalb spätere französische Staatsbürgerschaft
1815–16	Voluntär bei einem Frankfurter Bankier – lernte das jüdische Ghettodasein kennen
1816	wechselte zur Hamburger Bank seines Onkels Salomon, 2 _____. Heine leitete ein Geschäft, das Bankrott ging.
1819–20	3 _____ – hörte die Vorlesung „Zur Geschichte der deutschen Sprache und Poesie" von August Schlegel, einem Mitbegründer der deutschen Romantik
1820–21	Universität Göttingen – musste Universität wegen Duellaffäre verlassen
1821–23	studierte in Berlin, fand Kontakt zu literarischen Zirkeln, seine ersten Bücher erschienen
1824	bekanntestes Gedicht „Die Loreley" erschien
1825	Promotion in Göttingen zum Doktor der Rechte, lies sich protestantisch taufen in der Hoffnung auf neue Stelle

1826	Veröffentlichung des Reiseberichts „Harzreise", erster Publikumserfolg
1831	4 _____. Sehnte sich nach Deutschland. Schrieb sein Gedicht „In der Fremde".
1832	wurde Pariser Korrespondent für deutsche Zeitungen
1833 & 35	Seine Werke wurden in Preußen verboten. Exil in Frankreich
1841	heiratete Augustine Crescence Mirat (Mathilde)
1843 & 44	5 _____
1844	Tod seines Onkels – Streit mit seinem Cousin über die Erbschaft seines Onkels
1847	finanzielle Situation geregelt, Gesundheit schlecht
1849	schrieb das Gedicht „Deutschland. Ein Wintermärchen" über seine erste Deutschlandreise

Vokabular ♦

kaufmännisch	commercial/business
die Staatsbürgerschaft	citizenship
die Promotion	PhD
sich taufen lassen	to get baptised
die Anfeindung	hostility
die Erbschaft	inheritance

Zur Sprache ♦

Narrating a sequence of events in the past

You can use expressions of time to structure your narration of events in the past.

zuerst	firstly
am Anfang	in the beginning
im selben Jahr	in the same year
im nächsten Jahr/im Jahr danach	in the next year
dann	then
danach	after that
vorher	before that

vordem	before
nachdem	after
nach	after
nachher	afterwards
später	later (on)
mit 42 Jahren	at 42
gegen Ende	towards the end
am Ende	at the end
endlich	finally
schließlich	finally

If you want to refer to something that happened in a specific year, in English you'd say 'in 1797', but you shouldn't say this in German. You can give the year, say **im Jahr** or **im Jahre**, as shown here:

1797/Im Jahr 1797/Im Jahre 1797 wurde Heinrich Heine geboren.
Heinrich Heine was born in 1797.

Exercise 8

Re-read Text 2 and complete this brief summary of some events in Heine's life using the expressions you've just learnt.

_____ seines Lebens lebte Heine in Düsseldorf. Dort ging er zur Schule. _____ er die Schule verlassen hatte, fing er an, bei einer Bank zu arbeiten. Die Arbeit passte ihm nicht und er fing ein Studium an. _____ fand er Kontakt zu wichtigen literarischen Personen und veröffentlichte seine ersten Werke. 1824 erschien „Die Loreley" und im Jahr _____ promovierte Heine in Göttingen. _____ er nach Frankreich gezogen war, hatte er Heimweh nach Deutschland und schrieb 1831 „In der Fremde" und _____ 1849 „Deutschland. Ein Wintermärchen". _____ 1844 starb sein Onkel und seine finanzielle Sicherheit wurde zuerst fraglich, _____ _____ wieder besser. _____ seines Lebens litt er an schlechter Gesundheit und 1856 starb er _____ in Paris.

Exercise 9 (CD2; 27)

Using the recording, talk about different stages of life.

Text 3 (CD2; 28)

In der Fremde

Ich hatte einst ein schönes Vaterland.
Der Eichenbaum
Wuchs dort so hoch, die Veilchen nickten sanft.
Es war ein Traum.

Das küßte mich auf deutsch und sprach auf deutsch
(Man glaubt es kaum,
wie gut es klang) das Wort: „Ich liebe dich!"
Es war ein Traum.

Heinrich Heine

Vokabular ♦

der Eichenbaum	oak tree
das Veilchen	violet
sanft nicken	to nod gently

Exercise 10 (CD2; 28)

1 Read Text 3 and focus on the sound of the poem.

  a Read the poem to yourself out loud.
  b Now listen a couple of times to the poem being read.

2 Now think about the structure.

  a How does reading and listening to the poem make you aware of its rhythm and the rhymes in it?
  b What pattern of rhymes are there?
  c What use of repetition do you notice?
  d What contrasting images are there in the poem?

3 And now consider the meaning of the poem.

  a Does the poem intrigue you? Does it make you want to think about what the poet meant?

b What do you think is more important, how you understand the poem, or what the poet meant when he wrote it?

c What do you think the poem is saying? How do you think it could relate to Heine's own life and experiences?

Exercise 11

Following on from reading about Heine's emotional response to where he came from, ask yourself about how you feel about your place of origin. If you no longer live there, what do you feel like if you return? Write a piece about the region or place you come from. You can choose what form it takes, whether a letter, a simple piece of prose or even a poem.

Wissen Sie das schon?

Neue Rechtschreibung

When you read the poem you might notice that a couple of words are spelled differently from how they or similar words and expressions are spelled elsewhere in this book. For example in the poem you can see **küßte** with ß instead of **ss** and **auf deutsch** with d instead of **D**. This poem is a historical document and therefore retains the spelling conventions of its time.

Exercise 12 (CD2; 29)

Practise your pronunciation of words which come from French.

Lerntipp ♦

Having completed the final unit of the course we hope you feel a sense of satisfaction. If you look back to some of the earlier units you will realise how far you have come. Some of the things you found hard at the time might be easier now. Learning a language takes time, and it's worth reviewing what you've learnt and revisiting things you found challenging.

Zur Sprache ♦

Talking about interests

Did you enjoy learning about Heine and reading one of his poems?

Ich interessiere mich (nicht) für Poesie.	I'm (not) interested in poetry.
Ich bin an deutscher Literatur (wenig) interessiert.	I'm (not much) interested in German literature.
Ich lese (un)gern Biographien.	I (don't) like reading biographies.
Ich mag (keine) Gedichte.	I (don't) like poems.
Mir gefällt Literatur in deutscher Sprache (nicht).	I (don't) like literature in German.

You might have come across some things whilst learning German which you've liked or disliked.

Weniger interessant finde ich politische Parteien.	I find political parties less interesting.
Vokabeln lernen ist frustrierend/macht Spaß.	Learning vocabulary is frustrating/fun.
Allein sitzen und lernen gefällt mir (nicht so) gut.	I (don't) like sitting studying on my own.
Am besten/am schlimmsten finde ich das Schreiben/das Sprechen.	I find writing/speaking best/worst of all.

Exercise 13

Reflect on what you've learnt and answer the questions in German.

1 Was wussten Sie schon bevor Sie diesen Kurs angefangen haben?
2 Wie fanden Sie es, alleine mit Hilfe eines Buches und Audiomaterialien zu lernen?
3 Hat Ihnen der Lehrer bzw. die Lehrerin gefehlt, oder lernen Sie lieber allein?
4 Wollen Sie weiterhin Deutsch lernen? Wenn ja, warum? Wenn nein, warum nicht?
5 Was könnten Sie als Nächstes machen, um mehr Deutsch zu lernen?

Lerntipp ♦

Moving on

If you want to continue studying German on your own, there are many things you can do. If you focus your learning on one of your interests then you might find that doubly motivating. On the one hand, you're finding out about your free time activity in a different country, and on the other hand, you're extending the range of your German.

Whatever you're interested in, whether model trains, gardening, or skiing, you can find a huge amount of information on the internet. You can simply read or listen to texts, but you could also join online chatrooms for these topics, go to real websites and use their forms, find out what you could buy at a DIY store, **Baumarkt** (just don't pay for anything by mistake!).

In order to improve your speaking, you could arrange holidays in a German-speaking country, meet with like-minded people or join a tandem exchange in which you teach somebody else English, who in exchange teaches you German. You could subscribe to magazines in German.

Grammar summary

Nouns

All nouns have a gender; they can be masculine, feminine or neuter. Nouns are always written with a capital letter. Articles change according to the noun's case, and whether the noun is singular or plural.

Indefinite articles

There is no indefinite article in the plural.

	masculine		*feminine*		*neuter*		*plural*	
nominative	ein	Stuhl	eine	Wohnung	ein	Formular	–	Stühle
accusative	einen	Stuhl	eine	Wohnung	ein	Formular	–	Stühle
genitive	eines	Stuhls*	einer	Wohnung	eines	Formulars*	–	Stühle
dative	einem	Stuhl	einer	Wohnung	einem	Formular	–	Stühle

Definite articles

	masculine		*feminine*		*neuter*		*plural*	
nominative	der	Stuhl	die	Wohnung	das	Formular	die	Stühle
accusative	den	Stuhl	die	Wohnung	das	Formular	die	Stühle
genitive	des	Stuhls*	der	Wohnung	des	Formulars*	der	Stühle
dative	dem	Stuhl	der	Wohnung	dem	Formular	den	Stühlen*

* Some nouns also take endings in some cases.

Adjective endings

Adjectives take endings when they stand directly before the noun they describe. These endings depend on the article, the case of the noun and whether it is singular or plural.

Adjective endings after the definite article

	masculine	feminine	neuter	plural
nominative	-e der neue Adventskranz	-e die kleine Kerze	-e das tolle Fest	-en die friedlichen Tage
accusative	-en den neuen Adventskranz	-e die kleine Kerze	-e das tolle Fest	-en die friedlichen Tage
genitive	-en des neuen Adventskranzes	-en der kleinen Kerze	-en des tollen Festes	-en der friedlichen Tage
dative	-en dem neuen Adventskranz	-en der kleinen Kerze	-en dem tollen Fest	-en den friedlichen Tagen

Adjective endings after the indefinite article

	masculine	feminine	neuter	plural
nominative	-er ein neuer Adventskranz	-e eine kleine Kerze	-es ein tolles Fest	-e friedliche Tage
accusative	-en einen neuen Adventskranz	-e eine kleine Kerze	-es ein tolles Fest	-e friedliche Tage
genitive	-en eines neuen Adventskranzes	-en einer kleinen Kerze	-en eines tollen Festes	-er friedlicher Tage
dative	-en einem neuen Adventskranz	-en einer kleinen Kerze	-en einem tollen Fest	-en friedlichen Tagen

Adjective endings without an article

	masculine	*feminine*	*neuter*	*plural*
nominative	-er neu*er* Adventskranz	-e klein*e* Kerze	-es toll*es* Fest	-e friedlich*e* Tage
accusative	-en neu*en* Adventskranz	-e klein*e* Kerze	-es toll*es* Fest	-e friedlich*e* Tage
genitive	-es neu*es* Adventskranzes	-er klein*er* Kerze	-es toll*es* Festes	-er friedlich*er* Tage
dative	-em neu*em* Adventskranz	-er klein*er* Kerze	-em toll*em* Fest	-en friedlich*en* Tagen

Pronouns and their cases

	Personal			*Reflexive*	
nominative	*accusative*	*dative*		*accusative*	*dative*
ich	mich	mir		mich	mir
du	dich	dir		dich	dir
er	ihn	ihm		sich	sich
sie	sie	ihr		sich	sich
es	es	ihm		sich	sich
man	einen	einem		sich	sich
wir	uns	uns		uns	uns
ihr	euch	euch		euch	euch
Sie	Sie	Ihnen		sich	sich
sie	sie	ihnen		sich	sich

Relative pronouns

	masculine	*feminine*	*neuter*	*plural*
nominative	der	die	das	die
accusative	den	die	das	die
genitive	dessen	deren	dessen	deren
dative	dem	der	dem	denen

Der Junge, *dessen* Eltern ich einladen möchte.

Verbs

Present tense

Weak and strong verbs

Weak verbs add a regular ending to the stem of the verb (**wohn-**).

Strong verbs add a regular ending to the stem of the verb (**fahr-**), but there is also a change of vowel in the **du** and **er/sie/es/man** forms.

	wohnen (weak)	*arbeiten* (weak)	*fahren* (strong)	*sprechen* (strong)
ich	wohn -e	arbeit-e	fahr-e	sprech-e
du	wohn -st	arbeit-e-st	fähr-st	sprich-st
er/sie/es/man	wohn -t	arbeit-e-t	fähr-t	sprich-t
wir	wohn -en	arbeit-e-n	fahr-en	sprech-en
ihr	wohn -t	arbeit-e-t	fahr-t	sprech-t
Sie	wohn -en	arbeit-e-n	fahr-en	sprech-en
sie	wohn -en	arbeit-e-n	fahr-en	sprech-en

Other types of verbs in the present

reflexive	sich duschen	ich dusche mich
separable	ausfüllen	ich fülle aus
reflexive separable	sich durchsetzen	ich setze mich durch

Imperfect

Weak verbs take a regular ending to form the imperfect. Strong verbs change the vowel, and you can see the endings in the table. Mixed verbs change the vowel and add the same ending as weak verbs in the imperfect.

	machen (weak)	*schreiben* (strong)	*bringen* (mixed)
ich	mach-te	schrieb-	brach-te
du	mach-test	schrieb-st	brach-test
er/sie/es/man	mach-te	schrieb-	brach-te
wir	mach-ten	schrieb-en	brach-ten
ihr	mach-tet	schrieb-	brach-tet
Sie	mach-ten	schrieb-en	brach-ten
sie	mach-ten	schrieb-en	brach-ten

Perfect

The perfect is formed by the present tense of **haben** or **sein** and the past participle. Most verbs take **haben**, but where there is movement or motion involved then verbs generally take **sein**.

Weak verbs	**kaufen – ich habe gekauft** **landen – ich bin gelandet**
Strong verbs	**sprechen – ich habe gesprochen** **gehen – ich bin gegangen**
Verbs ending in -ieren	**telefonieren – ich habe telefoniert**
Verbs with a separable prefix	**einkaufen – ich habe eingekauft**
Verbs with an inseparable prefix	**bezahlen – ich habe bezahlt** **versprechen – ich habe versprochen**
Mixed verbs	**denken – ich habe gedacht** **rennen – ich bin gerannt**

Modal verbs

dürfen

	present	*imperfect*	*conditional/past subjunctive*
ich	darf	durfte	dürfte
du	darfst	durftest	dürftest
er/sie/es/man	darf	durfte	dürfte
wir	dürfen	durften	dürften
ihr	dürft	durftet	dürftet
Sie	dürfen	durften	dürften
sie	dürfen	durften	dürften

können

	present	*imperfect*	*conditional/past subjunctive*
ich	kann	konnte	könnte
du	kannst	konntest	könntest
er/sie/es/man	kann	konnte	könnte
wir	können	konnten	könnten
ihr	könnt	konntet	könntet
Sie	können	konnten	könnten
sie	können	konnten	könnten

mögen

	present	*imperfect*	*conditional/past subjunctive*
ich	mag	mochte	möchte
du	magst	mochtest	möchtest
er/sie/es/man	mag	mochte	möchte
wir	mögen	mochten	möchten
ihr	mögt	mochtet	möchtet
Sie	mögen	mochten	möchten
sie	mögen	mochten	möchten

müssen

	present	imperfect	conditional/past subjunctive
ich	muss	musste	müsste
du	must	musstest	müsstest
er/sie/es/man	muss	musste	müsste
wir	müssen	mussten	müssten
ihr	müsst	musstet	müsstet
Sie	müssen	mussten	müssten
sie	müssen	mussten	müssten

sollen

	present	imperfect	conditional/past subjunctive
ich	soll	sollte	sollte
du	sollst	solltest	solltest
er/sie/es/man	soll	sollte	sollte
wir	sollen	sollten	sollten
ihr	sollt	solltet	solltet
Sie	sollen	sollten	sollten
sie	sollen	sollten	sollten

wollen

	present	imperfect	conditional/past subjunctive
ich	will	wollte	wollte*
du	willst	wolltest	wolltest*
er/sie/es/man	will	wollte	wollte*
wir	wollen	wollten	wollten*
ihr	wollt	wolltet	wolltet*
Sie	wollen	wollten	wollten
sie	wollen	wollten	wollten

* möcht- is more commonly used to say 'I would like'.

Imperative

	machen (weak)	*nehmen (strong)*
du (informal, sing.)	mach	nimm
ihr (informal, pl.)	macht	nehmt
Sie (formal sing. or pl.)	machen Sie	nehmen Sie

Important irregular verbs

sein

	present	*imperfect*	*perfect*
ich	bin	war	bin gewesen
du	bist	warst	bist gewesen
er/sie/es/man	ist	war	ist gewesen
wir	sind	waren	sind gewesen
ihr	seid	wart	seid gewesen
Sie	sind	waren	sind gewesen
sie	sind	waren	sind gewesen

haben

	present	*imperfect*	*perfect**
ich	habe	hatte	habe gehabt
du	hast	hattest	hast gehabt
er/sie/es/man	hat	hatte	hat gehabt
wir	haben	hatten	haben gehabt
ihr	habt	hattet	habt gehabt
Sie	haben	hatten	haben gehabt
sie	haben	hatten	haben gehabt

* The perfect of **haben** is generally avoided in northern Germany, although it can be heard in spoken German in Austria and southern Germany.

werden

	present	*imperfect*	*perfect*
ich	werde	wurde	bin geworden
du	wirst	wurdest	bist geworden
er/sie/es/man	wird	wurde	ist geworden
wir	werden	wurden	sind geworden
ihr	werdet	wurdet	seid geworden
Sie	werden	wurden	sind geworden
sie	werden	wurden	sind geworden

Passive

Present: Sie wird von einem Hund gebissen.
Imperfect: Sie wurde von einem Hund gebissen.
Perfect: Sie ist von einem Hund gebissen worden.

To become

Er wurde im April achtzehn.
Das Wetter wird immer schlechter.

Future

Ich werde nächstes Jahr nach Österreich fahren.

Conditional/past subjunctive

Ich würde es nicht so laut sagen.

Elements of a sentence

Subject, (direct) object and indirect object

The subject of a sentence is in the nominative.

<u>Der Mann</u> ist groß.

The (direct) object of the sentence is in the accusative.

Wir haben <u>einen Hund.</u>

The person or thing to whom/which you give or do something is the indirect object and is in the dative.

Meine Oma schickt <u>ihrer Schwester</u> einen Brief.

Prepositions

The noun the preposition relates to will always take a certain case.

Accusative	Dative	Accusative or dative	Genitive
bis	ab	an	aufgrund
durch	aus	auf	statt
entlang	bei	hinter	trotz
für	gegenüber	in	während
gegen	mit	neben	wegen
ohne	nach	über	
um	seit	unter	
	von	vor	
	zu	zwischen	

Word order

Simple sentence

The verb is the second idea in a sentence.

Morgen Abend <u>gehe</u> ich zum Faschingsball.
Wir <u>gratulieren</u> zum Geburtstag.

Two main clauses

aber, denn, oder, sondern, und

When these conjunctions join two main clauses, the word order does not change.

Ich bin ins Kino gegangen, aber der Film gefiel mir nicht.

Subordinate clauses

bis, dass, nachdem, ob, obwohl, seit(dem), weil, wenn

These conjuctions are subordinating conjunctions. They join a main and a subordinate clause. Here the verb goes to the end of the subordinate clause. If the sentence starts with the subordinate clause, the verb is at the beginning of the main clause.

Wir glauben, dass der Bus Verspätung hat.
Weil es heute regnet, fahre ich lieber mit dem Auto als mit dem Fahrrad.

Key to exercises

Unit 1

Exercise 1

Here are some examples of words to do with accommodation.
Verbs: wohnen, umziehen, einziehen, sich einrichten
Nouns: der Umzug, die Wohnung, das Haus, das Hochhaus, das Einfamilienhaus, die Doppelhaushälfte

Exercise 2

1 Die Familie Feldmann zieht am 5. August um. 2 Nein, die E-Mailadresse bleibt gleich. 3 Sie freuen sich auf Besuch.

Exercise 3

ziehen um – umziehen, weak (here in present tense), separable; ist – sein, irregular; bleibt – bleiben, weak (here in present tense); freuen uns – sich freuen, weak, reflexive

Exercise 4

1 *Freust* du *dich* auf dein neues Zuhause? 2 Wir *bleiben* noch zwei Wochen in Magdeburg. 3 Frau Feldmann *zieht* am 5. August *um*. 4 Die neue Wohnung *sieht* sehr schön *aus*. 5 Kilian *verabschiedet sich* von seinen alten Freunden. 6 Die Familie Feldmann *hofft*, dass sie *sich* schnell in der neuen Stadt *einlebt*. 7 Sven *fährt* schon am 3. August nach Recklinghausen, der Rest der Familie *kommt* zwei Tage später. 8 Freunde und Familie *sind* herzlich eingeladen.

Exercise 5

das Schlafzimmer, das Kinderzimmer, das Wohnzimmer, die Küche, das Bad, der Balkon, der Stellplatz (für das Auto)

Exercise 6

ein Schlafzimmer, zwei Kinderzimmer, ein Wohnzimmer, eine Küche, ein Bad, einen großen Balkon, einen Stellplatz für das Auto, einen großen Wagen

There are also some nouns in the accusative because they follow a preposition that takes this case: *für das Auto, auf die neue Wohnung.*

Exercise 7

This exercise is on the audio recording.

Exercise 8

1 Frühestens sieben Tage vor dem Umzug darf man sich abmelden. 2 Man braucht Personalausweis oder Reisepass. 3 Um acht Uhr morgens machen viele Behörden auf. 4 Je nach Bundesland können Umziehende ein oder zwei Wochen warten. 5 Beim Online-Rathaus findet man Öffnungszeiten, Adressen und Online-Formulare. 6 In München kann man sich online an- und abmelden.

Please note that there is often more than one way of giving the information correctly.

Exercise 9

The answers are on the audio recording.

Exercise 10

Wir haben eine neue Wohnung. Sie ist 135m² groß. Die Warmmiete ist €975 und die Kaution €750. Es gibt fünf Zimmer, ein Bad mit Badewanne und Dusche und ein Gäste WC. Die Wohnung hat auch einen Tiefgaragenplatz. Sie liegt in Recklinghausen Stadtmitte. Ich habe eine neue Wohnung. Sie liegt in Recklinghausen Süd. Sie ist 68m² groß. Es gibt ein Bad mit Badewanne und drei Zimmer: Wohnzimmer, Schlafzimmer und ein Kinderzimmer. Die Wohnung hat einen Balkon und der Bodenbelag ist Laminat. Die Wohnung hat einen Stellplatz für mein Auto und kostet €410,- Kaltmiete. Die Kaution kostet €820,-.

Exercise 11

The answer depends on what your home is like, so no model is given. Check that you have used the nominative for all subjects and the accusative after *haben* and *es gibt*.

Exercise 12

1 hängt nicht unbedingt nur an finanziellen Aspekten 2 den Preis eines Reihenhäuschens 3 Wichtig sind hier die ganz persönlichen Wünsche des Käufers. 4 keine Frage 5 Sie sind voll im Trend. 6 Mit einfachen Renovierungsarbeiten ist es häufig nicht getan. 7 Wer sich für den Kauf ... entscheidet 8 sich ... im Klaren sein 9 erhöhen sie Qualität und Wert der Immobilie 10 sollte sich die Investition längerfristig über niedrigere Energiekosten auszahlen

Exercise 13

a 1 Natürlich. 2 Möchtest du ein Haus oder eine Wohnung? 3 Keine Frage. Das ist voll im Trend. 4 Wichtig sind hier deine ganz persönlichen Wünsche. 5 Mit einfachen Renovierungsarbeiten ist es häufig nicht getan. 6 Aber gute Renovierungsarbeiten erhöhen Qualität und Wert der Immobilie. 7 Und sie zahlen sich oft längerfristig über niedrigere Energiekosten aus.
b This exercise is on the audio recording.

Exercise 14

a

ie	ei	ie and ei
	zwei	
	drei	
vier		
	Eigentumswohnung	
		Einfamilienhaus
	Reihenhaus	
umziehen		
Miete		
mieten		
renovieren		
		Renovierungsarbeiten
sich interessieren für		
Immobilie		
		vielleicht
Energie		

Unit 2

Exercise 1

1 Sie gehen vier Jahre in die Grundschule. 2 Es gibt keine Gesamtschule und keine Regelschule. 3 Nach dem Hauptschulabschluss gehen Schüler an eine berufsbildende Schule oder sie bleiben ein weiteres Jahr auf der Hauptschule und machen den Mittleren Bildungsabschluss. 4 Man macht den Mittleren Bildungsabschluss an der Realschule oder nach 6 Jahren an der Hauptschule. 5 Man bekommt die Hochschulreife am Ende der Oberstufe des Gymnasiums oder am beruflichen Gymnasium. 6 Mit der Hochschulreife kann man an einer Universität, einer Hochschule oder an einer Fachhochschule studieren. 7 Nein. Mit der Fachhochschulreife kann man nur an einer Fachhochschule studieren. 8 Sie heißt Berufsschule oder berufsbildende Schule.

Exercise 2

Jasmin – Gymnasium ☺, Matthias – Gesamtschule ☹ (went to *Sekundarschule* in Magdeburg), Kilian – Grundschule ☺, Sven/Vater – Fachhochschule ☺ (he works there)

Zur Sprache

diese kleine, enge Wohnung; ihre großen Zimmer

Exercise 3

a 1 Na, gefällt es dir denn in Recklinghausen? – Ja, es gefällt mir hier ganz gut. 2 Heute war ja auch der erste Schultag. Wie gefällt dir das Recklinghäuser Gymnasium? 3 Und wie ist es mit den Jungen? Gefallen ihnen ihre Schulen? 4 Na ja, Matthias gefällt es gar nicht. 5 Ah, der arme Matthias, ich hoffe es wird bald besser. Aber Kilian gefällt seine Schule doch hoffentlich. 6 Die Arbeit gefällt ihm gut, glaube ich. Die Kollegen sind wohl sehr lustig.

b 1 So, do you like it in Recklinghausen? – Yes, I like it quite a bit. 2 And today was your first day at school. How do you like the grammar school in Recklinghausen? 3 And how about the boys? Do they like their schools? 4 Well, Matthias doesn't like it at all. 5 Poor Matthias, I hope it will get better soon. But Kilian likes his school, I hope. 6 He likes his work a lot, I think. The colleagues seem to be very funny.

Exercise 4

This exercise is on the audio recording.

Exercise 5

1 die Semesterferien; die vorlesungsfreie Zeit 2 das Sommersemester 3 die Erstsemester (pl.) 4 der Dozent (fem. die Dozentin) 5 der Hörsaal (pl. -säle) 6 das Vorlesungsverzeichnis 7 eine Vorlesung/ein Seminar/ einen Kurs belegen

Exercise 6

Possible answer:
Anja Neubauer gefällt das Studium im großen und ganzen. Die komplizierten Themen des Mathematikdozenten gefallen ihr aber überhaupt nicht. Den meisten Studenten gefällt das freiere Leben an der Uni besonders. Ihnen gefallen auch die Partys und die vielen netten Leute. Die vollen Hörsäle jedoch gefallen ihnen gar nicht.

Exercise 7

a Explanations have been provided here for the verb forms not used in the sample sentences.

- Hier hat man unsere Schulkenntnisse getestet und eventuelle Lücken gefüllt. – *hat* refers to *man*; *getestet* comes from the weak verb *testen* and *gefüllt* comes from the weak verb *füllen*
- ... alles ist so schnell gegangen. – *ist* refers to *alles*; *gegangen* comes from the strong verb *gehen* which forms its perfect tense using *sein*
- Mir hat nur noch der Kopf geschwirrt. – *hat* refers to *der Kopf*; *geschwirrt* comes from the weak verb *schwirren*
- Außerdem haben wir da zu 400 oder 500 Studierenden im Hörsaal gesessen. – *haben* refers to *wir*; *gesessen* comes from the strong verb *sitzen*
- Wir haben auf den Fensterbänken gehockt. – *haben* refers to *wir*; *gehockt* comes from the weak verb *hocken*
- Manchmal habe ich den Dozenten gar nicht gesehen. – *habe* refers to *ich*; *gesehen* comes from the strong verb *sehen*
- ... das haben wir Erstsemester erst langsam gelernt. – *haben* refers to *wir Erstsemester*; *gelernt* comes from the weak verb *lernen*
- Den habe ich im Winter verpasst. – *habe* refers to *ich*; *verpasst* comes from the weak verb *verpassen*, which does not take ge- because it starts with the prefix *ver-*
- Ich habe viele supernette, neue Leute kennen gelernt. – *habe* refers to *ich*; *gelernt* comes from the weak verb *lernen*
- Ich ... bin mindestens einmal pro Woche auf eine Party gegangen. – *bin* refers to *ich*; *gegangen* comes from the strong verb *gehen*

b The other verb forms referring to the past are the imperfect forms of *sein* and *haben*. Examples:
So viele Bänke waren gar nicht da. (*sein*) There were not even enough benches.
Man hatte wenig Zeit zu reflektieren. (*haben*) We had little time to reflect.
The perfect tense of these is frequently avoided as it sounds cumbersome. If you are not sure how to conjugate these verbs in the imperfect, refer to the Grammar Summary.

Exercise 8

Fachhochschulstudium

1 praxisorientiertes Studium; keine rein theoretischen Studiengänge
2 Semesterstundenplan; Studium ist straffer organisiert
3 Unterricht in kleinen Gruppen
4 kürzere Semesterferien
5 Studium ist meistens kürzer
6 nicht alle Fachbereiche
7 den Bedürfnissen der Wirtschaft angepasst
8 erst kurze Tradition; Fachhochschulen werden bei Studierenden immer beliebter

Exercise 9

Ich *habe* früher an einer Fachhochschule *studiert*. Ich *habe* mich schon immer für Technik *interessiert*. Meine Eltern *haben* sofort Lübeck als Studienort *vorgeschlagen*, weil meine Oma dort *gewohnt hat*. Ich *habe* mir ein praxisorientiertes Studium *gewünscht*. Deshalb *habe* ich Umwelttechnik an der Fachhochschule Lübeck *gewählt*. Mein Studium *war* klar strukturiert und *hatte* einen festen Semesterstundenplan. In den kurzen Semesterferien *habe* ich oft ein Praktikum *gemacht*. Ich *habe* mein Studium in dreieinhalb Jahren *absolviert*. Heute *arbeite* ich bei BASF in Ludwigshafen.
This chatty text mainly uses the perfect. The imperfect is used for *haben* and *sein* only. You needed to change the tense for the final sentence as the adverb *heute* shows it refers to the present.

Exercise 10

This exercise is on the audio recording.

Exercise 11

Person 1	Person 2	Person 3	
	✓		. . . ist Frisör.
		✓	. . . ist Hilfsarbeiter.
✓			. . . ist leitende Angestellte in einer Bank.
	✓		. . . hat einen Hauptschulabschluss und keine Ausbildungsstelle bekommen.
		✓	. . . war auf der Hauptschule, bekam aber keinen Abschluss.
✓			. . . hat einen Realschulabschluss.
	✓		. . . hat seinen Realschulabschluss an der Berufsfachschule nachgemacht.
✓			. . . hat das Abitur im Abendgymnasium gemacht.
		✓	. . . ging auf eine berufsvorbereitende Schule.
	✓		. . . hat ein Praktikum gemacht und bei diesem Arbeitgeber eine Ausbildungsstelle bekommen.
		✓	. . . machte eine Ausbildung zum Chemiefacharbeiter und hat diese nicht beendet.
	✓		. . . hat die Meisterprüfung gemacht.
		✓	. . . war arbeitslos.
		✓	. . . hofft auf eine Ausbildung zum Maurer.
	✓		. . . möchte mit einer Kollegin einen Frisörsalon aufmachen.

Exercise 12

There is no sample answer for this exercise, because it depends on your own background.

Unit 3

Exercise 1

1 c 2 e 3 b 4 d 5 a

Exercise 2

1 Weil Recklinghausen mehr als 100 000 Einwohner hat, ist es eine Großstadt. Mit 125 000 ist die Einwohnerzahl aber nur ein wenig höher als 100 000. 2 Früher gab es Kohlenbergbau und Stahlindustrie und heute gibt es z.B. Chemie, Energie, Umweltschutz und Dienstleistungen. 3 Es ist ein Ballungsraum. 4 Es gibt sowohl große als auch kleine Geschäfte. 5 Sie finden alljährlich im Frühsommer statt. 6 Nein. Man kann nur nach Dortmund oder Düsseldorf fliegen.

Exercise 3

1 c 2 f 3 a 4 d 5 b 6 e 7 g

Exercise 4

a 1 Ruhrfestspielhaus
   Going along the Kurfürstenwall *it should be the second or third road on the right, but not the fourth.* – Fahren Sie dann die zweite/dritte Straße rechts.

2 alter Markt/Altstadt
   At the T-junction the instruction should be to go right into
   Kunibertistraße *not left.* Dort gehen Sie rechts.
3 Hotel/Engelsburg
   It should be down Grafenwall *to the* Kunibertitor, *not* Lohtor.
   Gehen Sie hier den Grafenwall hinunter bis zum Kunibertitor.
b Sample answers are provided on the recording.

Exercise 5

a Group 1: Wo ist bitte das Ruhrfestspielhaus? Wie komme ich in
   die Altstadt? Wie komme ich bitte zum Rathaus? Wo ist denn die
   Petruskirche?
   Group 2: Sind Sie mit dem Auto oder zu Fuß? Kann man in
   Recklinghausen schön einkaufen? Gibt es hier in der Nähe ein
   Hotel? Kann ich dorthin zu Fuß gehen?
   The questions from the second group are formed by reversing
   the order of the verb and the subject of a sentence, e.g. *Man
   kann in Recklinghausen schön einkaufen.* → *Kann man in
   Recklinghausen schön einkaufen?*
b *wer* – who; *wann* – when; *warum* – why; *welch-* which; *wo* –
   where; *wie* – how; *was* – what; and *warum* – why are the main
   question words you are likely to have come across by now. You
   may also know *wohin* – where to, *woher* – where from and *wieso*
   – why.
c There is no sample answer here.

Exercise 6

aufs Einwohnermeldeamt; im Passamt; in einem Gebäude rechts neben
dem Alten Rathaus, am Kaiserwall; vor die Tür; in der Innenstadt;
am Wall; hinter dem Rathaus; in die Stadt

Exercise 7

1 ganz, Norden, noch, nördlicher, Dänemark, Nordsee, Ostsee,
östlich, Wasser, Küste = Schleswig-Holstein 2 Bundesland, Stadtstaat,

Einwohnern, größte, Brandenburg, Ostteil, Hauptstadt = Berlin 3
bekannt, schöne, hübsche, Landschaft, Osten, Länder, Polen = Sachsen
4 Südosten, München, Süden, Alpen, Fläche = Bayern

Exercise 8

unchangeable: Franziska, Manfred, Britta; can develop/change:
Carlota

Exercise 9

1 Carlota: „Als gebürtige Spanierin und Wahl-Deutsche schlägt mein
   Herz für zwei Länder."
2 Franziska: „Heimat ist (. . .) dort, wo man groß geworden ist
   und seine Kindheit und Jugend erlebt hat."
3 Franziska: „Heimat bedeutet: Hier bin oder war ich daheim, hier
   fühle oder fühlte ich mich am wohlsten."
4 Manfred: „Heimat bedeutet für mich (. . .) das Tal, wo im Herbst
   die Bäume immer wieder ihre Farbe wechseln."
5 Manfred: „Heimat ist außerdem, meine Sprache zu hören, meine
   Kultur zu pflegen, mit den mir vertrauten Personen Zeit zu
   verbringen."
6 Britta: „Heimat, das ist das Gefühl, das mir als Rheinländerin, die
   seit 25 Jahren in Oberbayern lebt, immer fehlt."
7 Britta: „Da fehlen mir (. . .) der Dialekt und natürlich der
   rheinländische Humor."
8 Britta: „Heimat ist das Gefühl der Geborgenheit. Man gehört
   einfach dazu."

Exercise 10

a 1 e 2 b 3 g 4 c 5 f 6 a
b 1 Rathaus, 2 Markt(platz), 3 Hotel, 4 Passamt, 5 Bahnhof,
   6 Altstadt, 7 Dom
   Note the use of the dative after all the prepositions, because no
   change in location is involved.

c ein Haus, in dem Kinder und Jugendliche etwas lernen (Schule); ein Gebäude, in dem man Sport treibt (Sporthalle); ein Ort, an dem man sein Auto abstellt (Parkplatz)

Exercise 11

Sample answer:
Ich wohne in Lenk, in der Schweiz. Das kleine Dorf, das ca. 2 300 Einwohner hat, liegt im Kanton Bern, im Berner Oberland. Ich wohne hier, weil ich in einer kleinen Bankfiliale arbeite. Lenk ist ein typischer Touristenort in den Schweizer Alpen. Im Winter kann man in der Nähe wunderbar Ski fahren. Im Sommer geht man wandern, Bergsteigen, Biken, Nordic Walken usw. Lenk hat alle Geschäfte, die man zum täglichen Leben braucht, z.b. eine Bäckerei, ein paar Kleidungsgeschäfte und einen kleinen Supermarkt. Um den Dorfplatz findet man nette Cafés und eine ruhige Atmosphäre. Lenk hat gute Verkehrsverbindungen. Es gibt einen kleinen Bahnhof. Außerdem kann man mit dem Bus oder mit der Rösslipost fahren.

Ich liebe die wunderschöne Landschaft und ich treibe auch gerne Sport, aber Lenk ist nicht meine Heimat. Ich bin in Basel geboren und aufgewachsen. Dort spricht man meinen Dialekt und ich fühle mich geborgen. In Lenk vermisse ich das interessante Stadtleben mit Theater, Kino und Museen.

Unit 4

Exercise 1

1 persönliche Angaben 2 Wohnort 3 Staatsangehörigkeit 4 Familienstand 5 berufliche Praxis 6 Persönliche Assistentin für den Leiter der Exportabteilung 7 Erziehungsurlaub 8 Praktikum bei der Industrie- und Handelskammer 9 Ausbildung zur Import-/Exportkauffrau 10 Schulbildung 11 Englisch fließend in Wort und Schrift 12 Italienisch Grundkenntnisse 13 EDV-Kenntnisse

Exercise 2

Martina's CV contains the sections *Persönliche Angaben, Ausbildung, Schulbildung*. It is signed and dated by hand. Other sections are included but have different names, i.e. *Sprachkenntnisse* is called *Fremdsprachen* and *EDV-Kenntnisse* replaces *EDV-Erfahrung*. The section about her working life to date is headed *Berufliche Praxis*. Martina's CV does not contain the following sections:

Studium – because she didn't go to university.

Militärdienst or *Zivildienst* – because as a German woman she would not be required to do either of these.

Freiwilliges Soziales Jahr – because she did not do one.

Berufliche Weiterbildung – because the only relevant course here would be the English course in Coventry, which she put under *Schulbildung*.

Kenntnisse und Fähigkeiten has been split into *Fremdsprachen* and *EDV-Kenntnisse*.

Mitgliedschaften und Hobbys has been left out, presumably because there are no details relevant for her work.

Your answer to the question of what you would include in your CV depends on your own educational career and development, so there are no suggestions here.

Exercise 3

1 *Als* ihre Tochter geboren wurde, begann Martinas Erziehungsurlaub.
2 *Wann* kamen Martina und ihre Familie nach Recklinghausen?
3 Martina wird bei der Zeitarbeitsfirma aufhören, *wenn* sie eine neue Stelle findet. 4 *Wann* hat Martina ihre Ausbildung gemacht?
5 *Als* sie in Magdeburg wohnte, arbeitete Martina zuerst als Sekretärin und später als Chefassistentin. 6 *Wenn* Martina nicht im Erziehungsurlaub war, hat sie immer gearbeitet.

Exercise 4

This exercise is on the audio recording.

Exercise 5

a The answer is on the audio recording.
b pp.pastoors@web.de
www.recklinghausen.de
www.land-oberoesterreich.gv.at
bettina.zeiss@mail111.ch
www.hu-berlin.de
c There is no answer to this exercise, as your answer depends on the email and web addresses you chose to spell out.

Exercise 6

a 2, 4, 3, 1
b 1 Martina arbeitet: selbstständig, mit viel Verantwortung, flexibel, freundlich, schnell 2 ihre neue Stelle: vielseitig, Teilzeitstelle, in Recklinghausen

Exercise 7

- Full names and addresses of writer and recipient are listed at the top.
- A date line follows the address of the recipient.
- There is a reference line *Betr.:*
- It starts formally: *Sehr geehrte* . . . Note: If it were a man, it would be *Sehr geehrter Herr Eberhardt*. *Sehr geehrte Damen und Herren* is used if details of the addressee are not known.
- The letter ends *Mit freundlichen Grüßen*. Note: *Mit freundlichem Gruß* can also be used. *Hochachtungsvoll* is no longer used.
- Throughout the recipient is addressed with *Sie*.

Exercise 8

Sample answers have been provided for both jobs within one letter.

Peter Schwarz, Agentur für Arbeit Recklinghausen, Görrestrasse 15, 45655 Recklinghausen

Martina Feldmann
Ferdinand-Lehmann-Str. 17
45657 Recklinghausen
Tel: 02361/1486770
Recklinghausen, den [today's date]

Betr.: Stellenanzeige

Sehr geehrte Frau Feldmann,
hiermit sende ich Ihnen die Anzeige für eine Stelle als Teamleiterin bei der Firma Danielle Berg International (als Chefsekretärin bei Holthausen GmbH). Ich denke diese Stelle ist von Interesse für Sie, weil Sie eine abgeschlossene, kaufmännische Ausbildung haben und weil Teilzeitarbeit möglich ist (weil die Firma eine Chefsekretärin sucht und weil Sie gute Kenntnisse in Englisch und Russisch haben). Außerdem ist der Standort der Firma in Recklinghausen.
Mit freundlichem Gruß
Peter Schwarz

Exercise 9

Female	Male
Import-/Exportkauffrau	Import-/Exportkaufmann
Leiterin der Marketingabteilung	Leiter der Marketingabteilung
Polizistin	Polizist
Dozentin	Dozent
Bankkauffrau	Bankkaufmann
Persönliche Assistentin	Persönlicher Assistent
Rechtsanwältin	Rechtsanwalt
Köchin	Koch

Exercise 10

Weak: *ich machte, ich arbeitete weiter, ich kündigte*
Strong: *ich blieb, ich ging, ich war, ich hatte, ich bekam.*
Mixed: *ich konnte*

Exercise 11

Your answer will differ from this example. However, note how expressions from previous exercises are used here.
Kurz zu meinem Werdegang: Nach meinem Deutschstudium war ich für einen Sommer Reiseleiterin bei einer großen Reisefirma. Als der Sommer zu Ende war, begann ich eine Ausbildung als Programmiererin, aber die Arbeit mit Zahlen war langweilig und sie machte mir keinen Spaß. Deshalb begann ich im September 1995 eine neue Ausbildung als Buchhändlerin, weil ich gerne lese und Literatur studiert habe. Meine Kunden sagen ich bin freundlich und hilfsbereit.
Seit meine Tochter geboren wurde, arbeite ich nur Teilzeit. Wenn meine Tochter in die Schule geht, möchte ich wieder Vollzeit arbeiten. Weil ich gerne flexibel und selbstständig arbeite, möchte ich einmal ein Buchgeschäft leiten.

Exercise 12

This exercise is on the audio recording.

Unit 5

Exercise 1

1 Der 1. August ist der schweizer Nationalfeiertag. 2 Der schweizer Nationalfeiertag ist am 1. August. 3 Der 3. Oktober ist der Tag der deutschen Einheit. 4 Der Tag der deutschen Einheit ist am 3. Oktober. 5 Der 26. Oktober ist in Österreich der Nationalfeiertag. 6 Österreich feiert seinen Nationalfeiertag am 26. Oktober.

Exercise 2

This exercise is on the audio recording.

Exercise 3

	Schifffahrt auf dem Rhein	*Zwei Kilometer Party, Berlin*
Atmosphäre	im eleganten Ambiente	ausgelassene Partystimmung
Musik	Live-Musik von der Kleinen Big Band	Live-Bands/DJs/Open-End-Diskothek unter freiem Himmel
Essen	5-Gang-Gala-Menü	Gastronomie aus aller Welt
Feuerwerk	Silvesterfeuerwerk bei Mainz	gigantisches Feuerwerk/ spektakuläres Berliner Silvesterfeuerwerk
Getränke	Bordbar	
Tanzen		Open-End-Diskothek unter freiem Himmel
Eintritt	€115	
Besucher		hunderttausende von Gästen aus aller Welt/eine Million Menschen
Zeit	Abfahrt um 18.00 oder 19.30	bis in die frühen Morgenstunden

Exercise 4

Your sentences may be similar or different. Look at these examples and note the position of the verb.

1 Ich finde, das Schiff ist der beste Ort für die Silvesterfeier. 2 Ich bin der Meinung, dass Berlin eine ausgelassene Stimmung bietet. 3 Ich meine, zu Hause feiern ist immer schön. 4 Meiner Meinung nach ist

es zu kalt, um draußen zu feiern. 5 Ich glaube, dass die Schifffahrt eine gute Idee ist. 6 Ich finde, die Feier auf dem Rhein ist zu teuer. 7 Ich bin der Meinung, das Feuerwerk in Berlin ist das schönste. 8 Ich denke, auf dem Schiff gibt es besonders gutes Essen. 9 Ich glaube, in Berlin findet man etwas für jeden Geschmack.

Exercise 5

This exercise is on the audio recording.

Exercise 6

Here is a suggested answer.

Ich würde gern nach Berlin fahren. Ich denke, dass die ausgelassene Stimmung auf der Festmeile sicher super ist. Ich feiere gern mit vielen Leuten und die Showacts, die Laser- und Lichtanimationen hören sich gut an. Die Schifffahrt auf dem Rhein ist sicher schön, aber ich bin der Meinung, das ist für mich zu formell. Ich finde den Eintritt auch zu teuer. Normalerweise feiere ich mit Freundinnen und Freunden. Jemand organisiert eine Party und alle Freunde gehen dahin. Bei uns gibt es kein Bleigießen oder Feuerwerk, aber wir haben trotzdem viel Spaß.

Exercise 7

a

Wann?	Was?
22. Januar, 19.00	eine Fasnetsveranstaltung
28. Januar, 20.00	ein Fanfarenball
5. Februar, 14–18.00	ein Kinderball
7. Februar, 10.00	der Große Narrensprung – Höhepunkt der Ravensburger Fasnet
7. Februar 14–18.00	ein Kinderball

b   Am 22. Januar um 19.00 gibt es eine Fasnetsveranstaltung. Am 28. Januar um 20 Uhr kann man zum Fanfarenball gehen. Am Samstag den 5. und am Montag den 7. Februar von 14.00 bis

18.00 können Kinder zum Kinderball gehen. Am Rosenmontag, den 7. Februar um 10 Uhr findet der Narrensprung statt. Das ist der Höhepunkt der Ravensburger Fasnet.

Exercise 8

a   TheaterFest, findet, Theaterfestival, türkisch-, Theater, zentral, Festival, Kulturen, inspirieren, Amateure, professionell-, Gruppen, interessant, Rumänien, Sansibar, Konzert, Rock Band, Songs.
   You may also have included place names, since many either do not change or remain very recognisable: *Kreuzberg, Berlin, Niederlande, Istanbul.* Did you know that there is a large Turkish population in Kreuzberg in Berlin?
b   Text 3 gives information about a German–Turkish theatre festival in Berlin that is running for the eleventh time. This festival aims to bring together amateurs and professional groups from different cultures and to let them and their audiences learn from, and be inspired by, each other.

Exercise 9

1 Das TheaterFest findet in Kreuzberg in Berlin statt, weil dort viele Menschen türkischer Abstammung wohnen. 2 Man will sich von ungewohnten Sichtweisen inspirieren lassen, aus diesem Grund ist es ein Ziel des Theaters Kulturen zusammenzubringen. 3 Viele Künstler kommen aus unterschiedlichen Ländern, daher wird es ein buntes, vielseitiges, mehrsprachiges Fest. 4 Es gibt eine Mischung von Amateuren und professionellen Gruppen, deshalb wird das für Künstler und Zuschauer interessant. 5 Die Mischung von verschiedenen Leuten ist wichtig, denn das ist ein Ziel des Festivals. 6 Das Festival endet mit Liedern gegen Probleme in der Welt, weil das Festival einem Spaß machen, aber auch zum Nachdenken bringen soll.

Exercise 10

Words containing f sounds are underlined; those containing v sounds are shown in bold type.

A Ich <u>fahre</u> dieses Jahr nach Berlin. **Was** ist besser, sollte ich im **Winter** oder im <u>Frühjahr</u> <u>fahren</u>?

B <u>Fahr</u> doch im **Winter**. Du kannst **Silvester** dort <u>verbringen</u>. Du kannst **Silvester** auf der <u>Festmeile</u> <u>vor</u> dem Brandenburger Tor <u>feiern</u>. Es kommen <u>viele</u> Leute aus aller **Welt**. Das **Feuerwerk** zum **Jahreswechsel** ist **weltweit** berühmt. Die <u>Feier</u> **wird** bestimmt <u>unvergesslich</u>.

A Ja, <u>vielleicht</u>, aber im <u>Frühjahr</u> **wäre** es <u>für</u> mich <u>vielleicht</u> <u>einfacher</u>.

B Ok, da <u>findet</u> ein **Festival** statt, ein **Theaterfestival**.

A **Weißt** du mehr darüber?

B Ja, das **Festival** ist immer ein <u>Erfolg</u>. Das **Festival** ist <u>vielseitig</u> und <u>freundlich</u>. Das **wäre** etwas <u>für</u> dich.

A Ja, <u>vielleicht</u> **will** ich dahin, zum **Festival** im <u>Frühjahr</u>.

Exercise 11

Here you can find sample letters about **1** national holidays, **2** New Year's Eve, **3** carnival and **4** the theatre festival in Berlin.

1

Liebe Ulrike/Lieber Ulrich,
weißt du, dass es in Deutschland einen Nationalfeiertag gibt? Ich habe gelesen, dass er am 3. Oktober stattfindet und Tag der Deutschen Einheit heißt. Auch in der Schweiz und in Österreich feiert man Nationalfeiertage. In Österreich ist der 26. Oktober der Nationalfeiertag und in der Schweiz der 1. August.
Bei uns in Grossbritannien gibt es keinen Nationalfeiertag. Ich weiß nicht warum. Ich finde es schade, ich glaube die meisten Leute würden sich über einen solchen arbeitsfreien Tag freuen. Was denken die Deutschen über ihren Tag? Ist es ein wichtiger Gedenktag oder freut man sich einfach darüber nicht arbeiten zu müssen?
Deine
Melanie

2

Liebe Ulrike/Lieber Ulrich,
an Silvester gibt es viele verschiedene Möglichkeiten, wenn man feiern will. Ich habe von einer Riesenparty in Berlin gelesen – eine Open-Air-Party am Brandenburger Tor mit Bands, DJs und einem Countdown zum Jahreswechsel mit einem gigantischen Feuerwerk. Hunderttausende Gäste gehen dorthin, vielleicht sogar eine Million. Unglaublich! Als Alternative kann man etwas ganz Anderes machen, wie zum Beispiel eine Schifffahrt auf dem Rhein. Dort bekommt man einen Aperitif, ein 5-Gang-Menü und Musik. Um Mitternacht kann man das Silvesterfeuerwerk bei Mainz genießen. Die beiden Alternativen hören sich meiner Meinung nach sehr gut an. Ich glaube, die Party in Berlin gefällt mir besser als die Feier auf dem Schiff, weil die Atmosphäre am Brandenburger Tor sicherlich super ist. Was meinst du dazu? Hast du Lust mit mir dahin zu gehen?
Bis bald
Carl

3

Liebe Ulrike/Lieber Ulrich,
kennst du Fasnet? Ich habe gelesen, wie man in Südwestdeutschland Fasnet feiert. Bei euch in Mecklenburg-Vorpommern feiert man das nicht, oder? Ich fahre dieses Jahr nach Ravensburg und habe mich schon erkundigt, was ich dort erleben kann.
Viele verschiedene Sachen finden statt, zum Beispiel ein Ball mit einer Partyband, die für die Fasnetsstimmung sorgen soll. Auch die Kleinen können feiern, denn es gibt einen Kinderball. Der Höhepunkt der Saison ist der Große Narrensprung. Das ist ein Umzug, wo verkleidete Menschen durch die Straßen rennen – sie tragen „Häs" und Masken. Ich denke, das ist sehr lustig und freue mich schon darauf. Da du aus einer ganz anderen Gegend kommst, ist das für dich vielleicht ein bisschen fremd? Wie findest du Fasnet?
Liebe Grüße sendet dir
Claudia

4

Liebe Ulrike/Lieber Ulrich,

ich habe von einem interessanten Festival in Berlin gelesen, und zwar von einem deutsch–türkischen Theaterfestival. Das Theater gibt es schon länger und es findet dort immer wieder ein Theaterfestival statt. Ich finde das Theaterfestival gut, weil man damit versucht unterschiedliche Kulturen zusammenzubringen. Aus diesem Grund lädt man Künstler aus verschiedenen Ländern ein. Ich meine auch, dass es interessant ist, dass Amateure und professionelle Gruppen dabei sind. So bringt man Leute zusammen. Was meinst du, es hört sich gut an, oder? Ich bin der Meinung, wir sollten unbedingt dahin gehen. Das ist etwas für uns.
Viele Grüße
Reinhard

Unit 6

Exercise 1

a 1 This is an invitation to a church wedding and subsequent reception. 2 This is sent out to inform people of someone's death. 3 This is announcing an engagement and is also inviting people to a party to celebrate. 4 This is a birth announcement.

b Zu . . . seid ihr herzlich eingeladen . . . anschließend zur Feier . . . Wir haben uns verlobt und möchten . . . mit euch . . . feiern. Bitte kommt.

Exercise 2

1 b   2 d   3 a   4 c

Exercise 3

Congratulations – Wir wünschen Ihnen alles Gute . . .

Thanking – Vielen Dank für die Einladung. Herzlichen Dank für die Einladung.

Accepting – Ja, selbstverständlich komme ich zu . . .

Declining – Leider können wir nicht kommen.

Sadness – In stiller Trauer; Wir waren sehr traurig zu lesen, dass . . . ; Herzliches Beileid.

Joy – Wir freuen uns darauf; Toll!, Super! Wie aufregend. Ich bin sehr glücklich darüber. Ich freue mich riesig für euch. Wir freuen uns mit euch.

Exercise 4

This exercise is on the audio recording.

Exercise 5

1 d   2 c   3 b   4 a   5 e

Exercise 6

1   In der Adventszeit backen viele Menschen, z.B. Weihnachtsplätzchen oder einen besonderen Weihnachtskuchen. Viele Kinder haben einen Adventskalender und in vielen Wohnungen kann man einen Adventskranz finden.

2   Kinder stellen Schuhe oder Stiefel vor die Schlafzimmertür und sie bekommen Süßigkeiten und Obst.

3   Weihnachtsgeschenke bekommt man am Heiligen Abend nach dem Gottesdienst. Geschenke bringt entweder der Weihnachtsmann oder – besonders im Süden – das Christkind.

4   Normalerweise isst man am ersten Weihnachtstag (25. Dezember) ein besonders gutes Weihnachtsessen, häufig Karpfen oder Gans oder vielleicht einen leckeren Braten und selbst gebackenen Kuchen.

5   Die Familie kommt zu Besuch. Alle, die auswärts wohnen und kommen können, sieht man am 1. und 2. Weihnachtstag.

Exercise 7

1 Ich möchte *ihm* einen Pullover schenken. 2 Soll ich *ihr* Blumen schicken? 3 Meine Schwester sollte *ihnen* einen Gutschein von der Gärtnerei geben. 4 Bringst du *uns* an Silvester eine Flasche Sekt mit? 5 Ich schreibe *ihnen* eine Weihnachtskarte. 6 Mein Bruder und seine Frau schenken *ihnen* Fahrräder zu Weihnachten.

Exercise 8

This exercise is on the audio recording.

Exercise 9

a   4, 5, 2, 1, 3
b   1 nicht so sehr 2 in einer Wirtschaft 3 die Vorfreude in der Adventszeit 4 der Christbaum 5 Traditionen 6 religiöser Hintergrund

Exercise 10

This exercise is on the audio recording.

Exercise 11

1 Ich schenke dir ein*en* grün*en* Seidenrock. 2 Wir nehmen Abschied von unser*em* lieb*en* Vater. 3 Vielen Dank für d*ie* freundlich*e* Einladung. 4 D*er* erste Sonntag nach dem 26. November ist der Anfang der Adventszeit. 5 Der Adventskranz ist e*in* beliebt*er* Begleiter durch die Adventszeit. 6 Kinder stellen ihr*e* geputzt*en* Schuhe oder Stiefel vor die Schlafzimmertür. 7 Am 25. Dezember gibt es e*in* groß*es*, üppig*es* Essen. 8 Wir wollen unser Kind durch d*ie* erst*en* Lebensjahre begleiten.

Exercise 12

You might have written something like this.

Liebe Martina, lieber Sven,
ich habe jetzt etwas über deutsche Weihnachtstraditionen gelernt. Mir gefällt es, dass der Nikolaus am 6. Dezember zu Kindern kommt. Das erhöht die Vorfreude auf Weihnachten. Ich habe vorher nicht gewusst, dass man den Christbaum erst am Heiligabend aufstellt und schmückt. Bei uns war das in meiner Kindheit ein bisschen anders. Wir haben den Baum ungefähr zwei Wochen vor Weihnachten gekauft und aufgestellt. Er war immer so groß und so schön wie möglich. Ich habe ihn mit bunten Kugeln geschmückt.

Am Heiligabend haben wir noch die letzten Geschenke eingepackt und wir Kinder waren sehr aufgeregt. Am nächsten Morgen haben wir die gefüllten Strümpfe in unseren Schlafzimmern gefunden. Im Wohnzimmer lagen viele bunte Geschenke unter dem großen Weihnachtsbaum.

Zu essen gab es fast immer einen Truthahn, dazu Kartoffeln und Gemüse. Wir haben das leckere Essen alle genossen. Nach dem Essen haben wir oft etwas gespielt. Das war immer sehr lustig. Weihnachtslieder haben wir zu Hause nicht gesungen, sondern in der Schule oder in der Kirche.

Wir hatten immer ein lustiges Fest. Heutzutage kommen die Kinder und Enkel zu mir. Am besten finde ich das schöne Beisammensein. In England feiern wir Weihnachten oft laut und lustig. Man trifft sich in der Vorweihnachtszeit mit Freunden oder auch mit Arbeitskollegen zum Weihnachtsessen. Dort geht es dann für viele hoch her.

Ich wünsche dir auch dieses Jahr frohe Weihnachten und ein gutes Neues Jahr.
Viele Liebe Grüße
Deine
Maxine

Unit 7

Exercise 1

fernsehen (seine Zeit vor dem Fernseher verbringen, es sich vor der Glotze gemütlich machen), mit Freunden etwas unternehmen, essen gehen, spazieren gehen, wandern, Zeitungen oder Illustrierte lesen, shoppen/einkaufen gehen, Radio hören, faulenzen, ausschlafen, seinen Körper pflegen, telefonieren, basteln, Auto fahren, vor dem Computer sitzen, Sport treiben (aktiv oder passiv)

Exercise 2

1 Sie verbringen ihre Freizeit mit Fernsehen. 2 Sie lassen sich nicht auf den Typus des Couch-Potatoes reduzieren. 3 Sie zeigen einen Trend zur Aktivität. 4 Sie gehen gerne mit Freunden essen. 5 Sie werden durch eine geschlechtsspezifische Betrachtung bestätigt. 6 Sie beschäftigen sich lieber mit Einkaufen, Körperpflege und Telefonieren. 7 Sie interessieren sich eher für Basteln, Autofahren und Sport.

Note in these answers the frequent use of infinitives as nouns.

Exercise 3

1 Wofür interessiert sich Jasmin besonders? 2 Worauf freut sich Kilian in diesem Sommer sehr? 3 Worüber spricht der Großvater gerne mit seinen Enkeln? 4 Worum kümmern sich die Kinder täglich? 5 Womit verbringst du/verbringen Sie viel Zeit? 6 Womit beschäftigt Sven sich mindestens einmal in der Woche? 7 Woran erinnerst du dich/erinnern Sie sich gerne, wenn du an deine Kindheit denkst/Sie an Ihre Kindheit denken?

Exercise 4

This exercise is on the audio recording. There is no sample answer, as your answers will relate to your own life.

Exercise 5

This exercise is on the audio recording.

Exercise 6

1 d 2 a 3 g 4 c 5 h 6 e 7 b 8 f

Differences you might have observed for Great Britain: rugby is not listed here; the popularity of gymnastics is high, but keep fit is not mentioned at all; skiing is less common in GB.

Exercise 7

a This exercise is on the audio recording.

b

... *treiben*	... *machen*	... *spielen*	... *fahren*	*individual verbs*
Sport	Judo	Basketball	Ski	segeln
Leichtathletik	Joga[1]	Badminton	Kanu[1]	tanzen
	Aikido[1]	Golf	Rad[1]	schwimmen
	Fitness[1]	Volleyball		angeln
	Sport	Tischtennis		wandern
	Leichtathletik	Handball		reiten
		Tennis		schießen
		Fußball		turnen

[1] Some examples of further sports have been added.

Exercise 8

1 Knapp über 200,000 Deutsche machen Judo. 2 Nach Angaben des Diagramms hat Angeln den niedrigsten Frauenanteil. 3 Fast genauso viele Männer wie Frauen spielen Volleyball. 4 Knapp 50% der beinahe 900,000 Leichtathletikfans sind Frauen. 5 Nach Angaben des Deutschen Sportbundes haben Segelklubs/Segelvereine die wenigsten Mitglieder. 6 Nur 35% der Mitglieder in Tanzsportvereinen sind männlich.

Exercise 9

Here are some sentences you could have written; other sentences are also possible. Check you have remembered *zu* and used the correct sentence structure. Nur 6% der deutschen Männer haben Lust zu putzen. 91% der deutschen Männer macht es keinen Spaß Wäsche zu waschen. 87% haben keine Lust Geschirr zu spülen. 82% gefällt es nicht, den Müll rauszubringen. 33% macht es Spaß einzukaufen. 44% gefällt es zu kochen.

Exercise 10

Compare your answer with this version.
In meiner Freizeit treibe ich am liebsten Sport. Ich spiele regelmäßig Fußball und Tennis in einem Verein, aber ich wandere auch gerne und im Winter fahre ich Ski. Es macht mir Spaß aktiv zu sein. Deshalb habe ich wenig Lust fernzusehen oder zu faulenzen. Es gefällt mir nicht im Haushalt zu arbeiten. Ich habe nie Lust den Müll rauszubringen oder Wäsche zu waschen. Ich koche nicht gerne, sondern gehe lieber mit Freunden essen.

Exercise 11

a 1 Auf dem Zentralmarkt in Zürich kaufte Moritz 220 Zitronen und französische Zigaretten. 2 Unsere Zweigstelle in Linz ist zwischen 12 und 1 Uhr geschlossen. 3 Frau Zaller ist zur Zeit zuständig für den Export von Cerealien nach Zypern. 4 Ca. 12% der Schweizer ziehen es vor, in ihrer Freizeit Cha-Cha-Cha zu tanzen. 5 Beim Tischtennisturnier war Cäcilie fast 10 cm größer als alle anderen Mitspielerinnen. 6 Lutz fährt trotzdem mit seinem Mercedes Benz in die City zur Endstation des Zuges, um Franz abzuholen. 7 Am letzten Samstag zahlte Julia ca. €20 zu viel für die exklusive, französische Lotion.

These letters or letter combinations are pronounced [ts]: z, tz, sometimes c in words of foreign origin, the beginning of the suffix -tion.

b This exercise is on the audio recording.

Exercise 12

1 c; **2** Arbeitsbeginn: 8 Uhr; Mittagspause: zwischen 12 und 1 Uhr; Feierabend: 17 Uhr

Exercise 13

2, 3, 5, 9, 12, 13, 17

Exercise 14

Here are sentences you might have written. Other combinations are also possible. Check your sentences to make sure their structure is correct.
1 Ich hinterlasse eine Nachricht, um einer Kollegin etwas auszurichten. **2** Die Sekretärin schaltet den Computer an, um E-Mails zu schreiben. **3** Wir machen einen Termin ab, um die Waren zu liefern. **4** Die deutsche Kollegin telefoniert mit Österreich, um einen Termin abzumachen. **5** Herr Martens kam gestern früher zur Arbeit, um Akten abzulegen. **6** Wir müssen neues Papier bestellen, um Briefe an unsere Kunden zu schreiben. **7** Mein Kollege nimmt an unserer Besprechung teil, um Protokoll zu führen.

Exercise 15

1 a **2** c **3** b

Exercise 16

You might have chosen a different wording, but make sure you have included the correct details.

An:	Maike Stellmann
Von:	*your name*
Betreff:	Anruf von Herrn Berger

Guten Morgen, liebe Frau Stellmann,

Herr Berger von der Firma Landmann und Co. hat angerufen.
Er kann morgen nicht zu unserer Besprechung kommen. Er
entschuldigt sich vielmals und bittet Sie, ihn anzurufen, um einen
neuen Termin abzumachen.
Gruß
your name

Unit 8

Exercise 1

a   You may have had a reason like these here. Thinking about this
sort of thing may prepare you for what you are going to hear.

hayfever – *Ich hatte Heuschnupfen.*
annual check-up – *Ich bin zur jährlichen Vorsorgeuntersuchung
gegangen.*
child with temperature – *Mein Kind hatte Fieber.*
asthma and needed prescription – *Ich bin Asthmatiker(in) und
brauchte ein Rezept.*
high blood pressure – *Ich habe hohen Blutdruck.*

b   1 c   2 i   3 j   4 d   5 a   6 l   7 e   8 f   9 g   10 h   11 k   12 b
sich bewegen literally means 'to move', but in this context it
means 'to take exercise'.

Exercise 2

1   Frau Stadelbauer has gone to the doctor, because she is asthmatic
and had lots of colds last winter. She wants to know how she can
stay healthy this winter.
2   c, d, b, a

Exercise 3

1 b   2 b   3 a   4 b   5 a   6 a

Exercise 4

1 Was führt Sie heute zu mir? 2 Daran kann ich mich gut erinnern.
3 den Winter über 4 besonders wichtig 5 süße Getränke 6 statt ja,
nein ... sagen 7 im Durchschnitt 8 Ich wünsche Ihnen Gesundheit.

Zur Sprache

Conditional or past subjunctive

	dürfen	können	müssen	mögen
ich	dürfte	könnte	müsste	möchte
du	dürftest	könntest	müsstest	möchtest
er/sie/es/man	dürfte	könnte	müsste	möchte
wir	dürften	könnten	müssten	möchten
ihr	dürftet	könntet	müsstet	möchtet
Sie	dürften	könnten	müssten	möchten
sie	dürften	könnten	müssten	möchten

Exercise 5

Frau Stadelbauer *möchte* diesen Winter nicht ständig erkältet sein.
Der Arzt sagt ihr, sie *sollte* im Freien Sport treiben, das *kann* für
das Immunsystem gut sein. Man *müsste* sich drei Mal die Woche
zwanzig Minuten bewegen. Doktor Neckar sagt der Patientin, sie
sollte sich gesund ernähren. Man *muss* viel Obst und Gemüse essen.
Im Durchschnitt *muss* der Mensch sieben Stunden Schlaf bekommen.
Frau Stadelbauer *will* besser schlafen. Massage und Saunabesuch
können Leuten helfen zur Ruhe zu kommen. Frau Stadelbauer wünscht
sich, dass sie gesund durch den Winter kommen *kann*.

Exercise 6

This exercise is on the audio recording.

Exercise 7

	Teil A	Teil B	nicht im Text
Alle Familienmitglieder sind versichert.	X		
Die Versicherung hilft, auch wenn Sie nicht zu Hause sind.	X		
Alle Einwohner müssen versichert sein.		X	
Für Auslandsreisen muss man eine Zusatzversicherung abschließen.			X
Man muss vor jedem Termin beim Arzt mit der Krankenkasse sprechen.			X
Schweizerische Krankenversicherungen sind deutschen Privatversicherungen ähnlich.		X	
Es gibt Geschäftsstellen an ungewöhnlichen Stellen.	X		
Man kann für extra Versicherungen bezahlen, z.B. für Zahnbehandlungen.		X	

Exercise 8

Some vocabulary was about health:

im Krankheitsfall	in the case of an illness
die medizinische Behandlung	medical treatment
Behandlungs- und Heilmethoden	methods of treatment
Krankenhausbehandlung	hospital treatment
medizinisch versorgt werden	to receive medical care
gesund werden	to become healthy
der Arzt	the doctor
der Zahnarzt	the dentist

Some vocabulary was related more to health insurance:

die Gesundheitskasse/die Krankenversicherung	health insurance
das Krankenversicherungsgesetz	health insurance law
die Krankenpflegeversicherung	health care insurance
der Krankenversicherer	the health insurer

das Krankenkassensystem	the health insurance system
Arzt- und Medikamentenrechnungen	medical bills
Spitalzusatzversicherung	additional hospital
(Austrian and Swiss German)	insurance
Zahnversicherung	dental insurance

Were you interested to note the differences and similarities between health care insurance in Germany and Switzerland? This probably differs again from where you live.

Exercise 9

This exercise is on the audio recording.

Exercise 10

A 2   B 3   C 1

Exercise 11

1 In coming decades the population in Germany will ~~increase~~ *shrink* but also become older. 2 Outside Germany, this is ~~only~~ a problem in *other countries, including* Japan. 3 Senior citizens go on holiday, ~~dislike~~ *do* sport and are interested in technology. 4 Some people see the grey-haired generation as a ~~benefit~~ *cost* to society. 5 Women in Germany will probably have ~~more~~ *fewer* children in the future. 6 The birth rate in Switzerland has ~~risen~~ *gone down* since 1960.

Exercise 12

1 Demographische Studien zeigen, dass die Deutschen immer länger leben werden. 2 Die Bevölkerung wird kleiner aber älter werden. 3 Rentner werden länger aktiv bleiben. Sie werden reisen, Sport treiben, an Technologie interessiert sein und Hobbys oder eine ehrenamtliche Tätigkeit haben. 4 Manche sagen, die Kosten werden steigen. Ältere Menschen werden oft zum Arzt gehen müssen. 5 Die Geburtenrate wird wahrscheinlich noch weiter abnehmen.

Exercise 13

This exercise is on the audio recording.

Unit 9

Exercise 1

1 lines 1–8: *Das Handy ist . . . nicht mehr vorstellbar.* 2 lines 10–22: *Erreichbarkeit . . . verfügbar sein (35 Prozent).* 3 lines 8–9: *So haben auch . . . verlassen.*; lines 23–30: *Gleichzeitig sinkt . . . in den Urlaub mit.*

Exercise 2

1 Fast alle/Die meisten Österreicher können laut Studie nicht mehr auf ein Handy verzichten. 2 Sie haben Handys, um ihre Familie, Partner und Freunde jederzeit erreichen zu können. Sie wollen auch immer erreichbar sein, besonders beruflich. 3 Aus Sicherheitsgründen sollten ältere Menschen und Kinder über Handys erreichbar sein. 4 Es ist nur einem Drittel der Leute unangenehm, immer und überall verfügbar zu sein. 5 Ja, Handys werden noch abgeschaltet, aber immer seltener. Knapp unter 90% schalten es nachts ab, aber am Tag wird es immer häufiger nur lautlos gestellt. 6 Die meisten Österreicher nehmen ihr Handy überall hin mit, auch in den Urlaub.

Exercise 3

Compare your version with these. The sections in italics show how ideas and phrases from the original were used.

Mein Handy ist mir sehr wichtig, ich *könnte nicht* dar*auf verzichten*. Ich *habe* es immer *dabei*, um *für Freunde und Familie in Notsituationen erreichbar* zu *sein* oder um Hilfe zu rufen. Handy*tarife* sind relativ teuer, aber wenn man aufpasst, kann man auch billigere finden.

Ich hasse Handys und habe auch keines. Mir *ist es unangenehm, immer und überall erreichbar zu sein*. Ich habe ein Telefon zu Hause und bei der Arbeit. Das ist auch billiger als die *Gesprächstarife* für *Mobiltelefone*. Die Handys anderer Leute stören mich, auch wenn sie *lautlos gestellt* sind.

Exercise 4

Your answer will be personal to you, but some alternatives and possible reasons for your choices are provided here.

	Alternative	*Notizen – warum?*
telefonieren	Festanschluss	mit dem Handy überall erreichbar, aber Festanschluss oder Internettelefon sind billiger
einkaufen	Geschäfte	per Internet werden Einkäufe direkt ins Haus geliefert
Zeitung lesen	Zeitung	Zeitung lesen im Internet kostet nichts, aber man kann es nicht mitnehmen und nicht einfach durchblättern.
Radio hören	Radio	Man kann Sendungen herunterladen und später hören.
Musik hören	Radio, CD, DVD	Man kann herunterladen, was man möchte und bezahlt nur dafür.
mit anderen in Kontakt bleiben	Briefe schreiben	E-mails oder Chatten sind schneller.
Urlaubsreisen buchen	Reisebüro	mehr Auswahl und billiger im Internet
Arbeit suchen	Zeitungsannoncen, Arbeitsamt, Agenturen	
Sprachen lernen	Sprachkurse, Bücher, Videos usw.	
arbeiten	Briefe schreiben	emailen, Informationen suchen, eigene Webseite
spielen	Karten, Brettspiele	Playstation oder Gameboy sind spannender und bewegen sich.
Filme sehen	Kino, Fernsehen	
Tagebuch schreiben	Tagebuch	Bloggen ist praktisch und man kann es anderen zugänglich machen.
Informationen nachschlagen	Lexikon, Bibliothek	Internet von zu Hause zugänglich
Anderes?	Karten (Kino, Theater, Zug usw.) kaufen, Leute kennen lernen	

Exercise 5

This exercise is on the audio recording.

Exercise 6

This exercise is on the audio recording.

Exercise 7

Denken Sie . . . , Schreiben Sie . . . x2, Seien Sie . . . x2, Achten Sie . . . ,
Überprüfen Sie . . . , Schicken Sie . . . , Gehen Sie . . . um x2, Klicken
Sie . . . , Überlegen Sie . . ., Schreien Sie . . .
This text uses the formal imperative.

Exercise 8

a   1 Schreib doch nicht immer Dinge, die du Leuten nie persönlich
sagen würdest, Sandra. 2 Mach doch nicht immer so viele
Rechtschreibfehler in E-Mails, Bernd. 3 Vera, Eva, klickt doch
nicht immer gleich auf „Antwort an alle". 4 Schickt doch nicht
immer so viele große Fotos, Hannes und Gabi. 5 Oma und Opa,
verwendet doch nicht immer Großbuchstaben.
b   These are some things you could have written. Check the imperative forms.
1 Denk lieber an den Empfänger oder die Empfängerin. 2 Überprüf
lieber die Rechtschreibung. 3 Überlegt lieber ganz genau, ob
Empfänger eine E-Mail wirklich brauchen. 4 Seid lieber vorsichtig,
wenn ihr große Dateien versendet. 5 Geht lieber vorsichtig damit
um.

Exercise 9

1 die Brille 2 die Waschmaschine 3 das Handy 4 das Penecilin 5 das
Rad

Exercise 10

Für mich persönlich ist das die Brille.	For me personally
Ich halte die Waschmachine *für* die wichtigste Erfindung.	I consider ...
Ich finde Hausarbeit furchtbar.	I find ...
Wie schrecklich!	How ...
Das ist doch die beste Erfindung überhaupt.	This is certainly ...
Meines Erachtens ist das das Penecilin.	In my opinion ...
Es beunruhigt mich sehr, dass die Krankheitserreger gegen Antibiotika zunehmend immun werden.	I worry a lot that ...
Ich würde sagen, man sollte weit zurück gehen.	I'd say ...
Eine zentrale Rolle spielt *meiner Meinung nach* das Rad.	in my opinion

Exercise 11

Here are some answers you could have written, but you might have a different opinion. Check that you have used the expressions from Exercise 10 correctly.

1 Ich halte die Pille für die wichtigste Erfindung, weil es sonst eine Bevölkerungsexplosion geben könnte. 2 Meines Erachtens ist die Kernspaltung die gefährlichste Erfindung, denn sie machte die Atombombe möglich. 3 Ich meine, die dümmste dieser Erfindungen ist „Mensch-ärgere-dich-nicht". Es ist so ein langweiliges Spiel. 4 Ich würde sagen, die Dauerwelle ist doch die praktischste Erfindung. Ohne sie müsste ich jede Nacht mit Lockenwicklern schlafen.

Exercise 12

This exercise is on the audio recording.

Exercise 13

Nowadays – fully automatic coffee maker, after 1908 – filter coffee, before 1908 – coffee powder in water brought to the boil then sieved

Exercise 14

ich wurde . . . bedacht – bedenken; Kaffeekreationen werden angeboten – anbieten; alles muss gesäubert werden – säubern, ich werde bedient – bedienen; die Kaffeebohnen und das Wasser werden eingefüllt – einfüllen; die Maschine wird eingestellt – einstellen; Schokoflocken, Kakaopulver oder Zimt können gestreut werden – streuen; das gemahlene Kaffeepulver wurde gegeben – geben; das Ganze wurde aufgekocht – aufkochen; dieser Sud wurde gegossen – gießen; der Kaffeefilter wurde erfunden – erfinden

Unit 10

Exercise 1

1 um etwas zu erledigen 2 mit öffentlichen Verkehrsmitteln 3 das Haus verlassen/außer Haus gehen 4 das Pendeln (zwischen Wohnort und Arbeitsstelle) 5 Aus- und Weiterbildung 6 sich zu Fuß bewegen/zu Fuß unterwegs sein 7 in den Bus oder die Bahn steigen 8 mit dem Fahrrad unterwegs sein

Exercise 2

1 The data refers to people's everyday life and is restricted to travel around their immediate vicinity. It does not refer to business trips or holiday travel (*die Geschäftsreise, die Urlaubsreise*). 2 Air travel (*die Flugreise, mit dem Flugzeug unterwegs sein*) 3 People might make several trips a day and use different forms of transport.

Exercise 3

a Your answers depend on your own travel habits. You might have written something like this:
1 durchschnittlich zweimal 2 Kinder in die Schule, zu Freizeitbeschäftigungen bringen und abholen; zur Arbeitsstelle pendeln, etwas erledigen 3 mit dem Auto, weil es bequem und schnell ist 4 manchmal, wenn es nicht so weit ist 5 a) selten, nur in der Freizeit b) nie, schlechte Verbindungen 6 ja; Geschäftsreisen ins Ausland mit dem Taxi und dem Flugzeug 7 meistens mit dem Auto, weil es billig ist und man viel mitnehmen kann; manchmal mit dem Flugzeug und dem Mietwagen, wenn es weit weg ist

b A sample answer is provided on the recording.

Exercise 4

1 g 2 c 3 b 4 j 5 h 6 l 7 a 8 e 9 k 10 d 11 f 12 i

Exercise 5

You may have chosen to complete a sentence differently but check you have the right form of the passive and your word order is correct.

1 Wenn das Auto eine Panne hat, wird das Auto/es abgeschleppt.
2 Wenn sich der Reisende verspätet, wird das Flugzeug verpasst.
3 Wenn ein Unwetter wütet, wird der Flug abgesagt. 4 Wenn man im Stau steht, wird das Auto überhitzt. 5 Wenn es einen Unfall gibt, werden die Unfallwagen abgeschleppt. 6 Wenn Züge Verspätung haben, werden die Anschlusszüge verpasst. 7 Wenn ein Mitreisender krank ist, wird die Reise storniert. 8 Wenn das Reisegepäck am Flughafen nicht ankommt, wird die Versicherung benachrichtigt. 9 Wenn jemand seinen Reisepass verliert, wird das Konsulat aufgesucht. 10 Wenn jemandem die Handtasche gestohlen wird, wird die Polizei benachrichtigt.

Note that the main verb comes directly after the comma, because the whole subordinate clause is considered the first place of the main clause, hence the main verb is still in second place.

Exercise 6

1 Als das Auto eine Panne hatte, wurde das Auto/es abgeschleppt. 2 Als sich der Reisende verspätete, wurde das Flugzeug verpasst. 3 Als ein Unwetter wütete, wurde der Flug abgesagt. 4 Als wir im Stau standen, wurde das Auto überhitzt. 5 Als es einen Unfall gab, wurden die Unfallwagen abgeschleppt. 6 Als die Züge Verspätung hatten, wurden die Anschlusszüge verpasst. 7 Als ein Mitreisender krank war, wurde die Reise storniert. 8 Als das Reisegepäck am Flughafen nicht ankam, wurde die Versicherung benachrichtigt. 9 Als jemand seinen Reisepass verlor, wurde das Konsulat aufgesucht. 10 Als jemandem die Handtasche gestohlen wurde, wurde die Polizei benachrichtigt.

Exercise 7

1 These students of the vocational college are all training to become travel agents. They are going to take their exams next year. 2 The waves are getting higher and higher, perhaps somebody will become seasick. Look, Marius is turning very pale. 3 It's getting too hot for me here, I will retreat to the hotel. I will surely be served a cool drink there. 4 Luisa and Ralf both turned 40 this year. Instead of a party, they are going on a long foreign holiday. 5 Susi's handbag with money, credit cards and passport was stolen. What's going to become of her now?

Exercise 8

1 c   2 a   3 f   4 b   5 d   6 j   7 h   8 i   9 g   10 k   11 e

Exercise 9

au	eu/äu	ei/ai/ay/ey	no diphthong
laut	Leute	Frau Meyer/Meier/ Mayer/Maier (all spellings are found)	Ferien
Autobahn	Autobahnkreuz	Ferienreise	Familie
Autobahnkreuz	Bäume	Daimler Benz	
Baustelle		Schwierigkeiten	
Dauerbaustelle		Fahrstreifenreduzierung	
Frau Meyer		Mai	
Stau			
Baum			
Urlaubsbeginn			
Augenblick			

Exercise 10

A1, A2, A3, A4, A43, A46*, A559*
   49 is mentioned but not as a motorway name

* The speaker drops the A here, which is done colloquially when it is clear which kind of road is referred to.

Exercise 11

Issues mentioned	on motorway number/s
big motorways with a risk of traffic jams	A1, A2, A3, A4
places where several motorways meet, e.g. motorway around Köln	A1, A3, A4
permanent building sites	A46 (road works, reduction in number of lanes)
	A43 (north of motorway intersection Recklinghausen, where A43 meets A2)
restoration of Rhine bridge near Rhodenkirchen	A559

Exercise 12

1 49 = number of permanent sites of road works. 2 Some work needs to be carried out when it is warm and dry. 3 Avoid travelling on weekends or look up traffic news on www.autobahn.de.

Exercise 13

1 Frau Maus von der Firma Reussmann hat die Nachricht hinterlassen. 2 Sie wird am 12. Januar um 10.35 am Flughafen in Dortmund landen und um circa 12.00 bei der Firma Heuermann ankommen. 3 Sie hat einen Mietwagen gebucht. 4 Sie fragt, wo sie parken kann. 5 Sie ist heute jederzeit auf ihrem Handy unter der Nummer 01701 – 8956012 zu erreichen.

Exercise 14

Sample answers are provided on the audio recording. You will have chosen your own way to express the information required. However, check the following points:

a This is a message for a friend, so:
- Did you remember to use *du, ihr, dich, euch, euer*, etc?
- Did you sound informal and upbeat?
- You might have wanted to add something friendly, e.g. that you are looking forward to seeing them soon.
- Your greeting and closing formulae should be informal, such as *Hallo* and *Tschüs*.

b This message should sound more formal using:
- *Sie* and associated forms
- more formal greeting and closing formulae, e.g. *Guten Morgen* and *Auf Wiederhören*.

Exercise 15

Sample answer:

---

15. August

Liebe Susanne,
   ich schreibe keine Postkarte aus dem Urlaub, denn ich bin schon wieder zu Hause. Wir hatten wirklich viel Unglück in den Ferien. Wir wollten mit dem Auto für zwei Wochen nach Österreich fahren. Schon auf der Hinfahrt standen wir mehrmals im Stau, zuerst vor einer Dauerbaustelle bei Stuttgart und dann ganz lange bei München. Es war furchtbar heiß und das Auto hatte eine Panne. Es war total überhitzt und musste abgeschleppt werden. Wir mussten im Hotel übernachten, um auf die Autoreparatur zu warten. Am nächsten Morgen wurde Kilian nach dem Frühstück schlecht, er hatte eine Magen-Darm-Grippe. Ich beschloss also, mit den Kindern im Zug nach Hause zu fahren. Auf dem Bahnhof wurde mir meine Handtasche mit Geld, Ausweisen und Kreditkarten gestohlen. Zu Hause ging ich also schnell zum Einwohnermeldeamt wegen den Ausweisen und musste auch meine Kreditkarten stornieren. Was für ein Stress!
   Jetzt brauche ich erst einmal Urlaub, um mich von dieser Reise zu erholen. Kilian geht es inzwischen wieder besser. Ich hoffe, dein Urlaub war erfolgreicher und ich werde bald eine Postkarte bekommen.
Viele liebe Grüße
Deine Martina

Unit 11

Exercise 1

It's from a local community initiative which is trying to attract people to get involved in working towards the establishment of a full day kindergarten.

Exercise 2

1 Leute mit Arbeit und Kindern werden hier angesprochen, d.h. Eltern, die sicher sein wollen, dass ihre Kinder gut aufgehoben sind. 2 Es gibt im Moment keine ausreichende Kinderbetreuung. Viele Familien mit Kindern brauchen einen Ganztagskindergarten. 3 In Ostdeutschland gibt es schon lange solche Kindergärten.

Exercise 3

This exercise is on the audio recording.

Exercise 4

Did you remember to put a comma between the clauses, and the infinitive at the end of the sentences?

1 Wenn ich nicht vollzeit arbeiten würde, würde ich keinen Ganztagskindergarten brauchen. 2 Wenn hier nicht genug Kindergartenplätze wären, würden wir eine Kinderfrau anstellen. 3 Wenn ich meine Arbeit aufgeben würde, wäre ich sehr unglücklich. 4 Wenn ich bessere Aufstiegschancen hätte, würde ich mir keine neue Stelle suchen. 5 Wenn es die Möglichkeit gäbe, würde ich mich politisch engagieren. 6 Wenn ich in meinem Stadtteil aktiver wäre, würde es sich lohnen.

Exercise 5

4

Exercise 6

1 in Ihrer E-Mail 2 Referat 3 das Pressewesen (*Die Presse* is also correct, but not used in the recording.) 4 eine Lokalzeitung/ regionale Zeitung 5 Berichte über nationale und internationale Politik 6 städtische Ereignisse und Kultur 7 Lokalteil 8 erscheinen 9 ausführlicher

Exercise 7

1 Manche Leute interessieren sich *weder* für Politik *noch* für die Wirtschaft. **2** *Einerseits* will ich wissen was in der Welt passiert, *andererseits* bin ich vielen Politikern gegenüber ziemlich zynisch eingestellt. **3** Ich lese *nicht nur* jeden Tag Zeitung, *sondern* schaue *auch* Nachrichten im Fernsehen. **4** Nachrichten im Fernsehen sind *zwar* wichtig, *aber* der Inhalt ist manchmal ein bisschen oberflächlich. **5** Ein neuer Kindergarten wäre *sowohl* für Familien *als auch* für Arbeitgeber vorteilhaft. **6** *Einerseits* geht es schnell sich im Internet zu informieren, *andererseits* muss man sich fragen, ob die Informationen immer stimmen. **7** Um mich zu informieren ist es *sowohl* wichtig zu wissen, was in der Welt passiert, *als auch* was in der eigenen Stadt los ist.

Exercise 8

a

Positive response	Mixed response	Negative response
Wolfgang Hoffman – was able to travel to the West.	*Monika Bötsch* – met her husband on a train in the west, but says people used to be equal.	*Luise Biedenkopf* – there are too many differences and not equal opportunities.
Karlheinz Beck – was able to choose what he wanted to write about.	*Werner Thoma* – values sense of community in GDR. 1989 – unemployment. Unification both happy and dramatic.	*Birgit Stumpfe* – hadn't wanted to lose the GDR, but wanted democracy. Capitalism = unemployment, economy has no human face, lack of social engagement.
Jürgen Seite – able to visit grandparents.		
Heidi Spranger – freedom, could do what she wanted, studied politics.	*Peter Maschadow* – buying strawberries in November. Misses social cohesion.	

b Think back to what you experienced or might have heard about the fall of the Berlin Wall. There was initial euphoria, but also many doubts. Initially East German politicians had tried to re-form the GDR, but this failed and so Germany was re-united. Some people in the east have benefited strongly, but others, who perhaps suffered unemployment, have less positive experiences.

Exercise 9

1 Birgit Stumpfe war traurig, die DDR zu verlieren. 2 Jürgen Seite freute sich, seine Großeltern besuchen zu können. 3 Heidi Spranger konnte entscheiden, Politik zu studieren. 4 Monika Bötsch war glücklich, ihren Mann kennen zu lernen, aber sie fand es Schade, dass die Menschen nicht mehr gleichberechtigt waren. 5 Peter Maschadow fand es komisch, im November Erdbeeren zu kaufen. 6 Karlheinz Beck war glücklich, seine Themen selbst wählen zu können.

Exercise 10

positive Aspekte
- vieles jetzt gut
- Ruf nach mehr Ganztagskindergärten besonders im Westen
- Man kann überallhin reisen und neue Leute kennen lernen.
- Freiheit – Journalisten dürfen entscheiden, über welche Themen sie schreiben; Studentinnen und Studenten dürfen studieren, was sie wollen; man kann sich frei entfalten.
- Demokratie
- erfreuliches und dramatisches Ereignis
- Man konnte hinterher immer alles kaufen, sogar Erdbeeren im November.

negative Aspekte
- Manches vermisst man.
- Deutschland ein Land, aber zu viele Unterschiede
- immer noch keine Gleichberechtigung
- Kapitalismus brachte Arbeitslosigkeit – ziemlicher Schock für viele Leute
- Die Wirtschaft ist nicht menschlich.
- es gab mehr soziales Engagement in der DDR/mehr sozialen Zusammenhalt/früher waren Menschen gleichberechtigt

Exercise 11

Sample answer on audio recording.

Unit 12

Exercise 1

die Kunst	art
die Kunstgeschichte	art history
die Kunstvermittlung	interpreting art for visitors
das Museum	museum
die Museumspädagogik	museum studies
der/die Museumskurator/in	museum curator
Museumsbesucher (pl.)	museum visitors
das Museumsobjekt	object in a museum
die Museumsausstellung	museum exhibition
die Museumssammlung	museum collection

Zur Sprache

Here are some words you may have found.

Schulalter, -anfang, -buch, -ferien, -jahr, -kind, -leiterin, -uniform
Familienähnlichkeit, -betrieb, -fest, -name, -roman, -schmuck, -vater
Arbeitgeber, -nehmerin, -slosigkeit, -ssuche

Exercise 2

1 Falsch. Sie arbeitete früher in einem ~~Museum für Technik~~ Kunstmuseum. Sie war Museumskuratorin. 2 Falsch. Sie studierte ~~Kunst und Geschichte~~ Kunstgeschichte. 3 Richtig. 4 Falsch. Sie promovierte in ~~Zürich~~ Basel. 5 Richtig. 6 Richtig. 7 Falsch. Die Kunstvermittlung fand sie ~~nicht~~ besonders interessant. 8 Richtig.

Exercise 3

1 die Lage:

a in Linz b in Oberösterreich c am Ufer der Donau

2 die Architektur:

a passt zu einem modernen Kunstmuseum b moderne Architektur und moderne Kunst vereinbaren sich

3 die Sammlung des Museums:

a umfasst Skulpturen, Plastiken, Malereien, Fotografien b beginnt mit Werken aus der ersten Hälfte des 19. Jahrhunderts c deutscher und österreichischer Expressionismus/zwischen den Weltkriegen d nach 1945 – internationale Kunst

4 Werke von berühmten Künstlern: z.B. Klimt, Schiele, Kokoschka, Warhol, Haring.

Exercise 4

1 Ich habe *in* Wien studiert und bin sehr oft *in die/zur* Oper gegangen. 2 Ich interessiere mich sehr für die Natur. Fahren wir doch *nach* Österreich. 3 *In der* Staatsgalerie *in* Stuttgart findet man wunderbare moderne Kunst. 4 Nächste Woche fliegen wir *nach* New York. Dort will ich *ins/zum* Guggenheim Museum gehen. 5 Ich interessiere mich für Kunst, deswegen fahre ich morgen *ins/zum* Lentos Museum für moderne Kunst *in* Linz *in* Österreich. 6 Ich habe auf einer Homepage gelesen, dass es *in* Düsseldorf ein Museum über den Dichter Heinrich Heine gibt. 7 Sollen wir *nach* Athen fliegen? Ich mochte *ins* Archäologische/*zum* Archäologischen Nationalmuseum gehen.

Exercise 5

1 a Heine wurde in Düsseldorf geboren und ging dort zur Schule. Er studierte in Bonn, Berlin und Göttingen.

  b Im Exil lebte er in Paris. Perhaps you also included this: Er besuchte auch Weimar, wo er eine Audienz bei Goethe hatte.

  c Genannt werden: „Reisebilder", „Das Buch der Lieder", „Deutschland. Ein Wintermärchen". (He wrote much more, but these are the works mentioned in the text.)

  d Man liest über seine Frau Mathilde, seine Mutter und seine Schwester, und seinen Onkel Salomon Heine, der als Bankier seinen Neffen lebenslang finanziell unterstützte.

2 *sozial-kritisch*es Engagement; *literarische* Veröffentlichung; diese *ersten* Publikationen; *gesellschaftskritische* Prosa; *frühe, liedhafte* Gedichte; *wichtige* Begegnungen; des *jung*en Heine; *privat*es, *literarisch*es und *öffentlich*es Leben; Heines *persönlich*es Leben; *literarische* Arbeit; *zentrales* Werk *politischer* Dichtung

Exercise 6

1 Archiv-und Bibliotheksbestände **2** ein Zentrum der internationalen Heine-Forschung **3** die Ausstellung „Heinrich Heine. Nähe und Ferne" **4** weltweit das einzige Museum **5** anschaulich vermittelt **6** ein regelmäßiges Veranstaltungsprogramm **7** Sonderausstellungen **8** gleichermaßen berücksichtigt **9** durch Publikationen dokumentiert

Exercise 7

1 Einzug Napoleons in Düsseldorf **2** der Heine bis zu seinem Tod finanziell unterstützte **3** Schrieb sich für Jurastudium in Bonn ein **4** zog nach Paris wegen politischer Anfeindung **5** Reisen nach Deutschland

Exercise 8

Other answers are possible, but you can see a good range of expressions here.

Am Anfang seines Lebens lebte Heine in Düsseldorf. Dort ging er zur Schule. *Nachdem* er die Schule verlassen hatte, fing er an, bei einer Bank zu arbeiten. Die Arbeit passte ihm nicht und er fing ein Studium an. *Dann* fand er Kontakt zu wichtigen literarischen Personen und veröffentlichte seine ersten Werke. 1824 erschien „Die Loreley" und im Jahr *danach* promovierte Heine in Göttingen. *Nachdem* er nach Frankreich gezogen war, hatte er Heimweh nach Deutschland und schrieb 1831 „In der Fremde" und *dann* 1849 „Deutschland. Ein Wintermärchen". *Im Jahr(e)* 1844 starb sein Onkel und seine finanzielle Sicherheit wurde *zuerst* fraglich *später dann* wieder besser. *Gegen Ende* seines Lebens litt er an schlechter Gesundheit und 1856 starb er *schließlich* in Paris.

Exercise 9

This exercise is on the audio recording.

Exercise 10

There aren't really right or wrong answers to these questions, but having learnt about Heine's life, you may enjoy working with one of his most famous poems.

1 There is no answer to this question.
2 a Some people believe that reading poetry out loud is different from reading it to yourself. You don't only read the words, but you also hear the sound of the poem and you may be more aware of rhymes and rhythms. In the first stanza here for example the lines *Der Eichenbaum* and *Es war ein Traum* rhyme, but they also have the same number of syllables. The lines look different, because of the different length of the words, but they sound more similar.
   b The second and last lines of both stanzas rhyme.
   c The last lines of both stanzas are the same.
   d The oak tree is a symbol of size, strength and stability. It provides shelter and seems ageless. The violet is small and delicate. It is nodding gently. These two images from nature contrast with one another – large and small, strong and delicate.
3 a You may or may not like the poem. Either way, you have found out about a famous German poet and read some poetry. Reading the poem let you think about the meaning of the individual words and also the feelings that the poem evokes. Perhaps you simply wanted to focus on understanding the German words.
   b Knowing about Heine's life can give you an insight into important factors in his work; that he felt alienated from some parts of German society, because of his Jewish origins, and because he was forced into exile in France. Alternatively, you might be more interested in your response to the poem today, rather than in attempting to guess what a poet who died in the middle of the nineteenth century might have meant.
   c The oak tree is a frequently used image in German literature. Heine is in exile at the time of writing, and remembers Germany as an oak tree, growing tall and strong. He thinks too

of delicate violets gently nodding and beckoning to him. Images of nature such as these were typical of romantic poets like him. These images create a positive view of Germany, strong, gentle and attractive, but he says it was all a dream, maybe because that version of Germany didn't really exist. In his dream he heard German words, he was kissed by these German words, and it sounded unbelievably good to him. The words „Ich liebe dich" meant more to him in German than they ever could in a different language, but this too was a dream. His home country wasn't real, but was only a dreamlike image.

Exercise 11

There is no answer to this question, but if you did attempt to write a poem, what was it like trying to do this in German? Did writing in German feel different from writing in your first language? If so, you could relate this experience to Heine's situation of living in a country where German isn't spoken.

Exercise 12

This exercise is on the audio recording.

Exercise 13

These answers will depend on your own experiences studying this course, and also your plans for further study of German.